(re)Découvrir l'islam

Philippe Jolly

SOM-
MAIRE

AVANT-PROPOS

Chère lectrice, cher lecteur,

Je suis très heureux que ce livre soit entre vos mains, car j'espère qu'il vous apportera un autre regard sur l'islam et que, quelles que soient vos convictions religieuses, il fera naître un lien d'amitié et de paix entre vous et moi.

En parlant de moi, je m'appelle Philippe, je suis né à Strasbourg, je suis âgé de trente-sept ans au moment d'écrire ces lignes et j'ai embrassé l'islam par conviction personnelle dans ma vingtaine.

Depuis ma conversion, on m'a souvent demandé quelles en étaient les raisons et quels livres j'ai bien pu lire pour prendre cette décision. Pour cette raison, les objectifs du livre que j'écris sont multiples. D'une part, j'aimerais vous permettre de (re)découvrir l'islam à travers mon cheminement, celui d'un français converti à l'islam. D'autre part, si vous estimez que la lecture de ce livre est pertinente, j'aimerais qu'il figure parmi ceux que l'on suggère à autrui pour présenter cette religion. En effet, il est vrai qu'il n'existe pas beaucoup de livres écrits par des personnes françaises et converties, traitant de ce sujet. Alors, en voici un qui peut aider à comprendre ou ouvrir la voie, sachant qu'il est nécessaire de lire plusieurs livres sur les différents fondements de la religion pour se faire une idée de ce qu'est réellement l'islam.

Ce livre ne prétend pas être « l'encyclopédie de l'islam », par conséquent, j'invite celles et ceux qui souhaiteraient obtenir davantage de précisions, à lire des ouvrages plus élaborés. Le but de ma démarche est de mettre à disposition du plus grand nombre un livre simple à lire et à comprendre, qui présente l'islam dans les grandes lignes.

D'ailleurs, il se peut que mes propos ne plaisent pas à tout le monde, mais il ne m'importe que de plaire à Dieu et de dire ce que j'ai à dire. En effet, je dirais que dans la vie, il est difficile de contenter tout le monde. Vous pouvez être amené à faire quelque chose ou penser d'une certaine façon qui plait à certains et déplait à d'autres et inversement comme le montre l'histoire suivante.

On rapporte que l'imam Nasruddin quitta, un jour, son village avec son fils et son âne pour aller visiter la ville. Nasruddin monta sur l'âne tandis que son fils marchait à ses côtés. Au premier café du premier carrefour sur la route, les gens attablés remarquèrent : « Regardez ce père indigne, il est confortablement installé sur son âne et laisse son fils marcher ! » Nasruddin les entendit et invita son fils à monter sur l'âne à ses côtés. Au deuxième café du deuxième carrefour, les gens attablés s'exclamèrent : « Regardez ces deux costauds qui montent un âne chétif ! » Nasruddin décida alors de descendre de sa monture et de marcher. Au troisième café du troisième carrefour, les gens attablés s'esclaffèrent : « Regardez ce fils indigne qui laisse marcher son père ! » Nasruddin demanda donc à son fils de descendre et de marcher à ses côtés. Au quatrième café du quatrième carrefour, les gens attablés s'écrièrent : « Regardez ces deux imbéciles qui marchent plutôt que de profiter de leur monture ! » Nasruddin réfléchit un moment. Il ne voyait plus qu'une solution possible. Son fils et lui portèrent l'âne sur leurs dos et continuèrent leur chemin tranquillement (1).

Je suis convaincu que la vie de chaque être humain, avec les joies et les peines qu'il traverse, contient des trésors de sagesse et de réflexions pouvant être utiles aux autres et c'est la raison pour laquelle j'ai entrepris d'écrire ce livre. Je précise que cette démarche ne fait pas de moi un théologien ou un érudit en sciences islamiques. Je n'ai pas plus de valeur qu'un autre. Je suis un simple croyant qui souhaite partager sa compréhension de la vie à travers le prisme de l'islam avec celles et ceux qui souhaitent en savoir davantage sur cette religion et qui aspirent comme moi, à rendre ce monde meilleur, comme le note l'écrivain Gabriel Zaid : « Que nous importe d'être cultivé, d'être à la page et d'avoir lu tout un tas de livres ! Ce qui importe c'est notre façon de sentir, de regarder, d'agir après avoir lu (2). »

On dit que les hommes ont inventé l'écriture pour conserver leurs pensées et leurs réflexions, car elle est plus durable que la mémoire individuelle qui disparaît avec la vie du mortel (3). J'ai grand espoir que ce livre et ses enseignements ne disparaîtront pas à ma mort, mais qu'ils continueront à éclairer des gens qui se posent les mêmes questions que moi.

Malgré mon intention de partager avec vous ma compréhension de l'islam et mes réflexions intérieures, je vous présente mes excuses pour les erreurs, au cas où il y en aurait (malheureusement). Seul Dieu est parfait. En effet, il faut savoir que celle ou celui qui avance dans cette vie est continuellement en train d'apprendre et d'évoluer jusqu'à sa mort.

Enfin, il est d'usage pour les musulmanes et musulmans de réciter la supplication suivante « Que Dieu lui accorde la grâce et la paix » (en arabe, *salalahou alayhi wa salam*) lorsque le Prophète Mohammed est mentionné. Étant donné que ce livre s'adresse également à des personnes non musulmanes, donc non concernées par cette pratique, j'ai préféré retirer cette supplication de l'ensemble du corps de texte. Bien entendu, je laisse le soin aux personnes musulmanes de réciter la supplication en faveur du Prophète de l'islam de leur côté.

INTRO-
DUCTION

Mal compris par certains, pris en grippe par d'autres, je constate que la question de l'islam occupe souvent le devant de la scène médiatique de façon négative. Pire ! Aujourd'hui, certains de nos compatriotes s'interrogent même quant au rôle des musulmans dans la société, sauf que, comme l'écrit le théologien Ahmad Al-Juhayni : « Rien n'est moins aisé que de définir un musulman, en dépit de la simplicité de la question, tant les musulmans d'aujourd'hui se distinguent totalement de ceux d'hier. En les comparant, nous pensons même décrire deux communautés qui n'ont entre elles rien de commun (1). » Pourtant, pour ma part, depuis que j'ai embrassé l'islam, cette religion n'a cessé de m'apporter de nombreux bienfaits comme l'élévation de l'âme, la paix intérieure et l'amour des autres.

Je suis conscient que tout n'est pas « tout beau tout rose » dans le monde merveilleux de la communauté musulmane ! Au contraire, le fait de vivre l'islam de l'intérieur me fait admettre que l'ignorance religieuse et le vide spirituel qui sont présents au sein d'une partie des musulmans amènent à des comportements totalement opposés aux valeurs fondamentales de l'islam originel et lui causent inévitablement et malheureusement du tort.

En réalité, si l'islam possède aujourd'hui une image négative dans notre société, c'est parce que de nombreux musulmanes et musulmans – dont je fais partie – ne sont pas à sa hauteur. Le proverbe arabe « l'exemple parle mieux que les plus beaux discours » ou encore l'expression de saint Thomas qui « ne croit que ce qu'il voit » montrent bien que le bon comportement des femmes et des hommes de Dieu dans la vie de tous les jours est bien plus important que leurs apparences religieuses ou exhortations.

D'ailleurs, cela n'est pas un hasard si le Prophète Mohammed tint les propos suivants : « Comportez-vous avec les gens de la meilleure façon (2) » et que le second calife de l'islam, Omar ibn Al-Khattab, suggéra à chaque musulman de : « Faire sa propre autocritique [de son vivant] avant qu'elle ne soit faite par Dieu Lui-même [à sa mort]. »

Il faut garder à l'esprit que l'islam n'est pas un bloc monolithique et qu'il est judicieux de distinguer l'islam et les musulmans comme le souligne à nouveau Ahmad Al-Juhayni : « Il est inexact de juger l'islam à travers la situation et les actes des musulmans. Il existe une différence entre la religion et ceux qui l'appliquent. Chacun l'applique selon sa conception et parfois selon ses désirs et intérêts (3). »

Pour toutes ces raisons, il m'a semblé nécessaire d'écrire ce livre dans lequel je souhaite spécifier ce qu'est l'islam et ainsi lui rendre son génie et sa grandeur. En effet, le chemin spirituel que j'ai emprunté démontre bien qu'il est possible d'être à la fois français et musulman. Il est possible d'aimer son pays, de respecter ses lois en vigueur, de défendre le principe de laïcité, de respecter les gens qui le composent puis, dans le même temps, de croire en Dieu et de pratiquer sa foi. Voici une histoire que j'aime lire et relire, car elle montre qu'aimer et servir Dieu implique aussi d'aimer et servir l'humanité.

On raconte qu'un roi perse croisa sur sa route un vieil homme en train de planter un olivier ; un arbre dont la fructification peut prendre plusieurs dizaines d'années. Le roi demanda au vieil homme : « Mon brave, crois-tu que cet arbre puisse t'être utile dans cette vie ? Tu mourras certainement avant qu'il ne donne des fruits. Pourquoi agir ainsi ? » Le vieil homme répondit : « Ceux qui m'ont précédé ont planté des oliviers et j'en ai profité durant ma vie. Je plante à mon tour d'autres oliviers pour que les autres générations puissent aussi en bénéficier. » Le roi fut impressionné par la préoccupation du vieil homme quant aux générations à venir et le récompensa avec une bourse d'argent. Le vieil homme s'adressa au roi en ces termes : « Vous venez de dire que l'arbre ne me serait pas utile dans cette vie. Eh bien, vous voyez, l'arbre m'apporte déjà des bénéfices. » Le roi sourit et le récompensa avec une seconde bourse d'argent (4).

Il est vrai que le fait de lire ces histoires (ce livre en contient beaucoup d'autres) et réfléchir aux sagesses qu'elles contiennent a été déterminant dans ma conversion à l'islam. Mon cœur fut touché à de très nombreuses reprises par la grandeur d'âme de ces femmes et hommes de Dieu qui, lors de leur passage sur Terre, n'ont fait qu'œuvrer vers Lui pour rendre ce monde meilleur.

D'ailleurs, vouloir rendre ce monde meilleur implique nécessairement un éveil du cœur dans lequel l'amour humain fusionne avec l'amour divin. À ce sujet, on rapporte que le Prophète Mohammed passa une grande partie de sa vie prophétique à éveiller « tout simplement » les gens à la foi en Dieu pour éviter une pratique religieuse vide de sens. Il dit à ce sujet : « La considération divine ne porte pas sur l'aspect extérieur des choses, mais bel et bien sur son aspect intérieur à savoir le cœur (5). » Il va de soi qu'une adoration extérieure, superficielle, mécanique n'aspire qu'à servir les intérêts de l'ego et n'est que supercherie auprès de Dieu, des êtres humains et de sa propre âme.

Une fois le cœur éveillé, il est nécessaire de le purifier et de le libérer de l'emprise de cet ego de façon à laisser une place plus importante à Dieu. Ce travail intérieur est fondamental pour « nettoyer » ses pensées intérieures et ses actes, car il nous aide à nous comporter vis-à-vis de Dieu et de Sa création avec amour, avec bienfaisance et respect à chaque instant. Lorsque nous sommes conscients que Dieu nous observe continuellement, nous tentons d'agir avec excellence dans notre intérieur comme vers l'extérieur, en recherchant perpétuellement Sa satisfaction comme le souligne le maître soufi Abd Al-Qadir Al-Jilani : « Chaque récipient reflète ce qu'il contient. Tes œuvres sont la preuve de ta croyance. Ton extérieur est une preuve de ton intérieur (6). » Pour illustrer mon propos, voici une histoire qui montre à quel point l'éveil spirituel et la lutte contre l'ego peuvent avoir un impact positif dans la société. En effet, l'adage « pas vu, pas pris » ne s'applique pas dans l'esprit et la vie des croyants puisqu'ils ont conscience que Dieu les observe à chaque instant.

On rapporte qu'un jour, le deuxième calife de l'islam, Omar ibn Al-Khattab, faisait sa tournée nocturne habituelle afin de voir si tout se passait bien dans la cité, quand soudain, il entendit une conversation entre une mère et sa fille :

— Ma fille, lève-toi et mélange avec de l'eau, le lait que nous allons vendre.
— Mère, répondit la fille, n'es-tu pas au courant de ce que le calife Omar a déclaré à ce sujet ?
— Qu'est-ce qu'il a déclaré ?
— Il a ordonné de ne pas mélanger le lait avec de l'eau, pour ne pas tromper les acheteurs.
— Ma fille ! Lève-toi et fais ce que je te dis. Le calife n'est pas ici et personne n'en saura rien.
— Mère ! Si le calife ne sait pas ce que nous faisons, Dieu, Lui le sait. Je trouve inadmissible d'obéir à Dieu en public et de Lui désobéir quand je suis toute seule.

Impressionné par le rappel de Dieu dont cette jeune fille était habitée, il retourna chez lui et dit à son fils le lendemain matin la chose suivante : « Rends-toi à telle maison. Tu y trouveras une fille. Si elle n'a pas été encore demandée en mariage, alors demande sa main. Peut-être que Dieu vous accordera une descendance bénie. » Le fils du calife Omar s'exécuta et demanda en mariage la jeune fille qui accepta sa demande (7).

Les tromperies de l'ego sont nombreuses et demandent une vigilance constante pour les contrecarrer (comme les mauvaises herbes profitent de l'inattention du jardinier pour se développer). L'histoire du calife Omar, que nous venons de lire, démontre que la pratique de l'islam ne se restreint pas qu'à la sphère religieuse. Bien au contraire, le souvenir de Dieu se fait en tout et partout. Réussir son passage sur Terre implique une parfaite relation verticale avec le Créateur et une parfaite relation horizontale avec l'humanité. Par exemple, dans mes supplications, je demande à Dieu de me donner l'énergie spirituelle nécessaire pour honorer mes obligations religieuses et également l'énergie spirituelle nécessaire pour assurer parfaitement mon rôle de père de famille, d'époux, de salarié, d'ami, de voisin, de citoyen.

Avec le recul, je pense sincèrement que ma conversion à l'islam est une des plus belles choses qui me soient arrivées dans ma vie. Je suis conscient que ce genre de propos peut provoquer un étonnement dans l'esprit de certains d'entre vous. Cependant, si tel est le cas, j'espère de tout cœur que ce livre pourra vous en faire comprendre la raison et vous montrer que l'islam offre bien un mode de vie qui mène à la paix intérieure ainsi qu'au bonheur ici-bas comme dans l'au-delà.

Je conclus cette introduction avec ce verset du Coran : « Ne t'a-t-Il pas trouvé égaré ? Alors Il t'a guidé » qui m'est cher, car il me rappelle combien je suis redevable envers Dieu pour m'avoir guidé à Lui et m'avoir permis de devenir musulman (8).

J'ai écrit ce livre pour Te dire merci.

J'ai écrit ce livre pour toutes les personnes qui veulent cheminer vers Dieu et qui aspirent à rendre ce monde meilleur.

J'ai écrit ce livre pour mon pays, la France, dont je suis redevable de beaucoup de choses. J'espère que cet ouvrage pourra faire comprendre aux musulmanes et musulmans que, quel que soit le pays dans lequel Dieu nous fait naître et vivre, nous devons être des éléments actifs, généreux, positifs, précieux, utiles dans la société, comme cela est évoqué par le Prophète Mohammed quand il dit que : « Le meilleur des hommes est celui qui est le plus utile aux autres (9) » ou encore que « La main qui donne est supérieure [en mérite] à celle qui reçoit (10). »

J'ai écrit ce livre pour mes enfants à qui j'adresse ce petit mot : « La foi ne se transmet pas de père en fille ou de père en fils, et il vous faudra cheminer vous-mêmes et prouver votre amour à Dieu. Je Le supplie de vous aimer, de vous accorder une foi sincère et qu'Il fasse de vous des sources de bien auprès des personnes croyantes comme non croyantes durant votre passage sur Terre. N'oubliez pas que vous êtes français et musulmans et que cela implique des devoirs et des responsabilités. Que la paix soit sur vous. Je vous aime profondément. »

Enfin, j'ai écrit ce livre avec une pensée pour mes deux parents.

Que Dieu fasse que cette lecture vous soit profitable.

Philippe Jolly

chapitre 1.

QU'EST-CE QUE L'ISLAM ?

L'islam est une religion monothéiste dans laquelle, musulmanes et musulmans consacrent une pratique religieuse active, quotidienne, exclusive à Allah. Si j'utilise volontairement le mot « Allah », c'est parce qu'il m'est déjà arrivé d'entendre dans mon entourage que « Allah » serait le Dieu des Arabes, « Yahvé » celui des juifs et « Jésus » celui des chrétiens, soit un total de « trois dieux » alors que toutes ces religions prônent l'unicité divine. En réalité, *Allah* en arabe veut simplement dire « Dieu » en français et ne représente pas la divinité des musulmans, mais la divinité de chaque personne croyante en un Dieu unique comme le sont les juifs et les chrétiens.

Les juifs et les chrétiens occupent une place importante dans la religion islamique puisqu'il est demandé aux musulmans de reconnaître l'authenticité de toutes les religions révélées précédemment. L'islam considère que les prophètes Moïse, Jésus et Mohammed sont les Envoyés d'un même Dieu, différentes sont leurs époques, mais identique est leur message à savoir, adorer Dieu l'unique (1).

L'islam prend source dans le Coran, considéré comme la parole de Dieu révélée au VIIe siècle, au Prophète Mohammed, dernier prophète envoyé aux êtres humains comme évoqué dans le verset coranique : « [Prophète,] ainsi Nous t'avons révélé un Coran en arabe (explicite) pour que tu avertisses [tu invites à Dieu les habitants de] la Mère des cités (la Mecque) et ceux qui sont autour d'elle (sur la Terre), pour que tu avertisses du Jour du rassemblement (2). »

Comme l'écrit l'islamologue, Éric Geoffroy : « Pour les musulmans, l'islam se présente comme l'ultime manifestation ou expression de la volonté divine pour notre humanité et comme la synthèse des révélations antérieures en référence au verset coranique : "Aujourd'hui, J'ai parachevé votre religion, vous ai comblés de Mon bienfait, c'est Mon gré que l'Islam (soumission aux ordres de Dieu) soit votre religion (3) (4)." » Ce verset, considéré comme le dernier (à caractère législatif) révélé par Dieu au dernier des prophètes, constitue un témoignage de la perfection de la religion islamique. Aucun autre livre saint ni aucune autre religion ne fit pareille sommation. D'ailleurs, avant la naissance de Mohammed, le Prophète Jésus tint les propos suivants : « J'ai encore beaucoup à vous dire, mais vous ne pouvez pas le supporter à présent, mais quand viendra l'Esprit de vérité, il vous guidera dans la vérité tout entière (5). » Le Prophète Mohammed possède le statut de dernier des prophètes puisque la religion de l'islam, comme exposée dans le Coran et pratiquée par le Prophète lui-même, représente la perfection et par conséquent nul autre prophète n'est requis après lui (6).

Dans ma jeunesse, c'est-à-dire avant ma conversion, la question de l'islam occupait déjà le devant de la scène médiatique, ce qui m'amena à me poser la question suivante : « Mais en réalité, qu'est-ce que l'islam ? » Pour tenter de trouver un début de réponse, il m'arriva d'observer certaines personnes de confession musulmane pour tenter d'en apprendre davantage sur cette religion, mais malheureusement, plus je regardais le comportement de ses membres et plus j'étais heureux de ne pas avoir cette religion. L'observation est naturellement le premier moyen que l'être humain utilise pour s'informer d'une chose. Cependant, avec le recul, je pense que l'islam comme les autres religions ne peuvent être véritablement jugées en prenant pour principal critère l'attitude des personnes qui sont censées la professer ou la représenter.

Ainsi, le théologien et imam, Mohammed Bajrafil dit que : « L'islam n'a pas d'autres tares que celles des musulmans. On ne le présente pas au monde comme il est. On ne l'enseigne pas comme on devrait. Pire, on ne le connaît pas comme on devrait (7). » Même son de cloche pour le chanteur britannique Cat Stevens, qui, lorsqu'il fut interrogé sur sa conversion à l'islam, affirma : « J'insiste sur le fait que je n'avais eu le moindre contact avec aucun musulman avant d'embrasser cette religion. Si j'avais connu les musulmans avant de connaître l'islam, je ne me serais jamais converti (8). » C'est une réalité, les musulmans d'aujourd'hui ne sont pas à la hauteur, mais l'islam ne peut pas être pris comme responsable à chaque fois qu'un musulman faute. Dans le même esprit, imaginez que vous voyez un policier déraper, remettez-vous en cause le comportement du fonctionnaire de police ou bien le Code de déontologie de la Police nationale et de la Gendarmerie nationale ? Un autre cas de figure : imaginez que vous voyez un automobiliste commettre une infraction, pointez-vous du doigt le comportement du conducteur ou bien le Code de la route ?

Un jour, ma route croisa celle d'une personne musulmane et, alors que je discutais de l'islam avec elle, cette dernière me dit durant notre conversation une chose qui resta gravée dans ma mémoire : « L'islam permet de passer du stade d'aveugle au stade de voyant. » Plus tard, cette même personne me fit don d'un exemplaire du Coran en français. Après l'avoir lu plusieurs fois, je compris ce que « passer du stade d'aveugle au stade de voyant » voulait dire. En effet, comme un remède à ma cécité, le texte coranique m'invita à ouvrir les yeux sur trois choses fondamentales auxquelles je n'accordais aucune attention à savoir : la réalité divine, la présence de l'ego et l'existence de la mort me permettant ainsi d'obtenir des éléments de réponse à la question : « Mais en réalité, qu'est-ce que l'islam ? »

LA RÉALITÉ DIVINE

En Islam, il est dit que l'univers tout entier témoigne de la présence divine. En effet, peu importe où notre regard se pose, il y a matière à réfléchir, car la création de Dieu contient des enseignements indénombrables comme l'affirme le Coran : « Que de signes [existent] dans les cieux et sur la Terre [et qui permettent de conclure à l'existence de Dieu], auprès desquels ils (les impies, etc.) passent en se détournant (9). » Cette réflexion sur la création des cieux et de la Terre permet deux choses. La première, prendre conscience de la miséricorde et de la sagesse dont Dieu fait preuve à l'égard de toute Sa création comme écrit dans ce verset : « Si vous énumérez les bienfaits de Dieu, vous ne saurez les dénombrer [tous]. Dieu pardonne [et Il est] très miséricordieux (10). » La seconde, faire naître un sentiment de soumission et de reconnaissance face à la puissance de Dieu, comme évoqué dans cet autre verset : « Souvenez-vous de Moi, Je Me souviendrai de vous. Soyez reconnaissants à Mon égard et ne soyez pas ingrats envers Moi (11). »

Obnubilé par la réponse aux demandes diverses de mon ego, je me rendis compte qu'en réalité, je négligeais de regarder les nombreux bienfaits que Dieu avait déjà mis à ma disposition. Le corps humain par exemple, véritable merveille de perfection, dans lequel chaque élément possède une fonction essentielle et précise, comme l'affirme le verset suivant : « Dieu est Celui qui a créé pour vous les oreilles [pour entendre], les yeux [pour voir] et le cœur [pour comprendre] ; [cependant] vous [L'en] remerciez rarement. C'est Lui qui vous a disséminés sur la Terre, puis vous serez rassemblés devant Lui (12). » Les cheveux nous protègent du froid. Les dents nous aident dans la mastication, la déglutition et la phonation. Les paupières protègent nos yeux lorsqu'elles se ferment et maintiennent le globe oculaire humide en disséminant les sécrétions lacrymales sur leur surface comme le souligne le Coran : « [Eh quoi !] n'ont-ils pas réfléchi en eux-mêmes ? Dieu n'a créé les cieux, la Terre et tout ce qui est entre eux (et leurs sciences, leurs lois, etc.) qu'en toute vérité (à juste titre, raison, but) et pour un terme déterminé. Beaucoup d'hommes [renient la vie future et] dénient la rencontre de leur Seigneur (13). » Je pourrais continuer cet exercice en prenant comme exemples le cœur, les mains, les poumons, les pieds, les ongles, la salive, le sang, etc. pour rendre compte de la perfection dont fit preuve notre Créateur dans Sa création de l'homme et de l'univers : « [Il a créé] les hommes, les animaux et les bestiaux de couleurs diverses ; parmi Ses adorateurs, seuls les savants obéissent [respectueusement à] Dieu. En vérité, Dieu est puissant, Celui qui pardonne (14). »

QU'EST-CE QUI TE DIT QUE DIEU EXISTE ??
LE CAFE FELIPE
LE SYSTÈME SOLAIRE
RIEN NE PROUVE QU'IL EXISTE !
LOI DE L'ATTRACTION UNIVERSELLE
F A/B = F B/A = G (MA MB) / D2
SI UN CORPS A ET UN CORPS B
PONCTUELS ONT TOUS DEUX
UNE MASSE "MA" ET UNE MASSE "MB"
ET SONT SÉPARÉS PAR UNE...

Je peux citer un autre exemple, le Soleil, indispensable pour toutes les formes de vie sur la Terre. Sans en avoir l'air, le Soleil est une sphère de gaz brûlants avec un diamètre cent neuf fois supérieur à celui de la Terre tournant sur elle-même. De plus, bien que distant d'environ cent cinquante millions de kilomètres, le Soleil se trouve à parfaite distance de notre planète. En effet, s'il était trop éloigné nous mourrions de froid et s'il était trop proche nous mourrions de chaud. Enfin, entièrement soumis à la volonté de Dieu, le Soleil apparaît et disparaît quotidiennement, sans souffrir d'aucun retard comme l'évoque ce verset : « Gloire à celui qui a créé toutes les espèces dans les plantes que produit la terre parmi les hommes, et dans tout ce que les hommes ne connaissent pas. Que la nuit, dont nous faisons sortir le jour pendant que les hommes sont plongés dans l'obscurité, leur serve de signe de notre puissance. Et le soleil aussi, qui poursuit sa carrière jusqu'à un point fixe. Tel a été l'ordre du Puissant, du Sage (15). »

LA PRÉSENCE DE L'EGO

Je vous raconte une anecdote. Lors de mes études supérieures, je fis un stage d'une durée de six mois dans une entreprise. Deux jours par semaine, une collaboratrice travaillant dans le même espace de travail que moi avait l'habitude de quitter le bureau plus tôt que d'ordinaire. Au milieu de mon stage, au fil d'une conversation durant une pause commune, elle me donna la raison de son départ prématuré. Elle participait à des maraudes en faveur des personnes sans abri avec une association caritative et avait besoin de ce temps pour préparer les repas et organiser les tournées. Touché par cet altruisme, je lui dis que son action envers les démunis était louable et rare. Elle me répondit qu'elle ne faisait pas cela pour les personnes sans abri, mais en premier lieu pour sa propre estime. Elle avait besoin de mener ces actions caritatives pour se convaincre et convaincre les autres de sa bonne personne. La réponse de cette collaboratrice de travail me fit comprendre que, dans une certaine mesure, moi aussi j'étais également aveugle, aveuglé par mon ego. En réalité, c'est vrai, je ne me souciais que de mes besoins personnels, de mon confort de vie et rarement des autres, sauf si je pouvais y trouver un intérêt personnel. Tout comme cette collègue de travail, je souffrais, sans le savoir, d'égoïsme, avec des difficultés d'aimer sincèrement les autres et de prêter trop d'importance aux dires des autres à mon sujet. L'ego nous empêche délibérément de voir plus loin que le bout de notre nez.

CAMPAGNE HIVERNALE 2020
HIVER GLACIAL :
AIDE ALIMENTAIRE, COUVERTURE, SAC DE COUCHAGE
DOOBLE
JE VAIS FAIRE UN DON DE 1000 €
60%
DOOBLE
don...
don
dol
dow
SOMME RESTANTE : 850 €
VIVE DISCOUNT 60%
150€
MAIS L'HIVER S'ANNONCE RUDE, IL VAUT MIEUX ÊTRE PRÉVOYANT
SOMME RESTANTE : 100 €
VIVE DISCOUNT 60%
150€
750€
LA SÉCURITÉ AVANT TOUT : 4 PNEUS NEIGE
SOMME RESTANTE : 0 €
DISCOUNT 60%
150€
750€
GARE À MON LOOK SI JE VEUX ÊTRE CONFIRMÉ AU POSTE DE FINANCIAL ANALYST ET CONTINUER À FAIRE DES DONS
MINCE, JE PARTICIPERAI EN 2021 INCHALLAH
AIDE HUMANITAIRE URGENT - CAMPAGNE HIVERNALE 2020
VIVE DISCOUNT 60%
MERCI POUR VOTRE COMMANDE

En fait, jusqu'à ce que je plonge dans la lecture du Coran, je pensais que notre corps humain était habité par un seul occupant. Vous savez, la petite voix intérieure qui nous donne de bons conseils en apparence alors que la réalité est tout autre.

Alors qu'en réalité, l'être humain est constitué de plusieurs entités, dont le corps humain qui est considéré comme la monture de l'âme. Il contribue au service de Dieu et, pour accomplir sa mission, le corps humain a besoin de nourriture, de sommeil et de vêtements (16).

L'âme est considérée comme le cavalier de la monture. Elle est également l'élément vital qui anime le corps de chaque être humain comme écrit dans le Coran : « Nous avons créé l'homme et Nous savons ce que son âme lui suggère. Nous sommes plus près de lui que sa veine jugulaire (17). » L'âme, pure dans sa nature, possède des besoins spirituels et s'épanouit lorsqu'elle a la certitude d'accomplir ici-bas la destinée supérieure pour laquelle elle a été créée à savoir, adorer Dieu comme le souligne ce verset : « Par l'âme et l'ordre de Celui qui l'a harmonieusement façonnée et lui a fait connaître ce qui est mauvais et ce qui est bon, heureux celui qui se purifie (qui purifie son cœur, son âme, son corps et sa vie), malheur à celui qui se corrompt [par impiété, libertinages, injustices, idolâtrie, hypocrisie, etc.] (18) (19). »

L'ego (en arabe *nafs*), appelé également « âme charnelle », représente le siège des passions et des penchants égocentriques. Il est une individualité qui s'affirme comme distincte et rebelle à l'égard de Dieu. Conscient que « l'union fait la force », l'ego souhaite que le corps s'allie à sa cause pour que tous deux puissent réaliser ainsi tous leurs désirs de jouissance matérielle d'où la nécessité absolue pour l'âme dans son rôle de cavalier d'éduquer sa monture en limitant ses instincts en relation avec la nourriture, le sommeil, la tenue vestimentaire et les relations sexuelles (20). À cet égard, les soufis disent que le cavalier doit toujours veiller à avoir la main sur sa monture, sinon elle en profitera pour inverser les rôles et se faire porter par le cavalier.

L'âme et l'ego sont les deux opposés d'un même bâton et ont des aspirations diverses. Si l'âme convoite la vie dernière, l'ego, quant à lui, convoite la vie présente. Un parallèle peut être fait avec la fable de Jean de La Fontaine, dans laquelle la cigale oublie volontairement de prévoir l'hiver et s'adonne tout l'été à la danse et au chant. Il en est de même pour l'ego qui souhaite profiter du moment présent et oublie de penser à la suite, c'est-à-dire de prévoir la mort. En ce sens, je pense que si une discussion avait lieu entre l'âme et l'ego au moment d'un repas, l'âme dirait au corps humain : « Mange pour vivre », ce à quoi l'ego rétorquerait : « Non, vis pour manger. » Cette lutte intérieure entre ces deux aspirations, représente ce que le Prophète Mohammed nomma, le grand combat de l'âme (en arabe, *djihad al-akbar*).

L'EXISTENCE DE LA MORT

Certes, la vie mondaine est distrayante, et peu importent nos ambitions, la mort est un passage obligé pour chaque être humain comme le rappelle le Coran : « Toute âme goûtera la mort (21). » Au moment voulu par Dieu, l'ange de la Mort se présentera à nous et ce sera la fin définitive de toutes les activités économiques, émotionnelles, physiques et spirituelles. Il n'y aura aucune échappatoire et pour ceux qui pensent que si, eh bien, comme le dit le dicton, « sachez qu'en fuyant le tonnerre, on tombe sous la foudre ». À ce sujet, on raconte qu'un jour, le disciple d'un maître soufi de Bagdad était assis dans un recoin d'une salle d'auberge et surprit la conversation entre deux inconnus. Il comprit à les entendre que l'un d'eux était l'ange de la Mort [sous une apparence humaine]. L'ange dit à son interlocuteur : « J'ai plusieurs visites à faire dans cette ville au cours des trois prochaines semaines ». Terrifié par ce qu'il venait d'entendre, le disciple se dissimula autant qu'il put et resta calme pour ne pas attirer l'attention sur lui jusqu'à leur départ. Il réfléchit et tenta de résoudre ce problème : « Comment échapper à une possible visite de l'ange de la Mort ? » Il pensa que le mieux à faire était de quitter Bagdad et d'aller se mettre à l'abri loin d'ici. Il loua donc le cheval le plus rapide qu'il put trouver et donna de l'éperon jour et nuit sur la longue route qui allait de Bagdad à Samarcande [villes séparées par deux mille huit cents kilomètres]. Entre-temps, l'ange de la Mort rencontra le maître soufi. Ils parlèrent de différentes personnes. « Au fait, dit l'ange, où est ton disciple untel ? » Le maître répondit : « Il doit se trouver quelque part dans Bagdad. Il consacre ses journées à la contemplation. » L'ange dit alors : « Tiens ! C'est curieux, parce qu'il est sur ma liste. Regarde, voici son nom ! Je dois prendre son âme dans quatre semaines à Samarcande (22). »

Il y a une autre manière de prendre conscience de la réalité de la mort, à savoir la perte d'un être cher. C'est une épreuve très difficile dont j'ai également expérimenté la douleur puisque j'ai perdu ma maman à l'âge de six ans. Néanmoins, dans chaque épreuve, il y a une sagesse divine et la sagesse que j'en retire, c'est que la mort d'unetelle ou d'untel est ni plus ni moins un message de rappel de la part de Dieu nous informant que tôt ou tard l'ange de la Mort se manifestera aussi à notre porte. La seule question qui est importante de notre vivant est la suivante : sommes-nous préparés à l'accueillir ? car le texte coranique est sans équivoque : « La mort que vous fuyez vous rattrapera. Vous serez ramenés à Celui qui connaît [tout] ce qui est caché et [tout] ce qui est apparent et Il vous informera de ce que vous faisiez. Il vous montrera vos actes », « Ne vous avons-Nous pas accordé une vie assez longue pour que celui qui réfléchit puisse réfléchir ? (23) (24) » À celles et ceux qui perdirent, qui viennent de perdre, qui perdront un être cher, que Dieu fortifie votre foi et vous donne la patience pour surmonter cette épreuve.

Dans la suite de mon cheminement, deux autres réflexions portant sur l'individualisme et le matérialisme me permirent de trouver d'autres axes de réponse à la question : « Mais en réalité, qu'est-ce que l'islam ? »

L'INDIVIDUALISME

La conception de la société repose davantage sur l'égoïsme et l'individualisme que sur le lien social. Pour ma part, avant et après ma conversion à l'islam, j'ai toujours eu de l'attention et de l'empathie à l'égard des autres de différentes manières et sans attendre un retour : acheter un sandwich à un mendiant, demander si tout va bien au propriétaire d'une voiture qui est en panne sur le bord de la route, dire bonjour à mes voisins, prendre un auto-stoppeur en route ou encore souhaiter bon courage à l'hôtesse de caisse en prenant mes courses. Or, aujourd'hui, j'ai le sentiment que tout cela appartient à la vieille époque, chacun étant préoccupé par ses besoins et ses soucis.

Lorsque je me rends dans un parc pour enfants, accompagné de mes bambins, j'aime observer l'amitié enfantine, car elle porte des valeurs nobles comme la confiance, l'innocence, la sincérité. Je constate que, très souvent, les enfants sont sensibles les uns aux autres. Dans une séance de jeu, les enfants s'acceptent, se sourient et s'offrent même parfois de leur goûter. Ils apprennent à vivre ensemble et quand bien même, les amitiés se font et se défont, de nouvelles amitiés se construisent ne laissant jamais personne dans la solitude très longtemps. Malheureusement, plus nous prenons de l'âge et plus j'ai l'impression que nous nous éloignons les uns des autres, alors je m'interroge : « Pourquoi l'amitié fonctionne-t-elle quand nous sommes enfants et fonctionne-t-elle moins, voire plus, quand nous sommes adultes ? »

En islam, l'intérêt collectif fait partie des fondements de la religion. La notion d'entraide est fondamentale comme le rapportent les propos du Prophète Mohammed : « Tu retires de la voie publique ce qui peut nuire aux passants et c'est pour toi une aumône (25) » ou encore « N'est pas croyant quiconque dort le ventre plein alors que son voisin a faim (26). » Le Prophète de l'islam souligna également l'importance de se dire bonjour. En effet, comment souhaitez-vous faire connaissance ou bien aider autrui si cette première marque de politesse est manquante ? Un jour, une personne interrogea le Prophète Mohammed en ces termes : « Quel est le meilleur Islam ? » Il lui dit : « Que tu donnes à manger et que tu salues ceux que tu connais comme ceux que tu ne connais pas (27). »

LE MATÉRIALISME

La société valorise la consommation et le matérialisme, néanmoins, comme le souligne le professeur de psychologie Tim Kasser, le fait de poursuivre des objectifs matérialistes au détriment d'objectifs altruistes aurait des conséquences négatives sur le bien-être des êtres humains et celui de la société dans laquelle ils évoluent (28). À mon sens, je dirais que la société apporte réellement des réponses à des questions de la vie présente, mais elle n'apporte pas de réponses concrètes aux questions existentielles prenant en compte la vie présente et la vie spirituelle des individus. C'est pourquoi, le guide spirituel Khaled Bentounès écrit : « La valeur d'une civilisation, fût-elle la plus avancée techniquement, ne se mesure pas à la puissance des moyens matériels qu'elle met au service de l'homme, mais bien à la hauteur à laquelle elle élève l'âme humaine. Œuvrer pour le bien de la société au sein de l'humanité devient une nécessité, un impératif et non un devoir moral ou religieux (29). »

Malgré les amusements et divertissements auxquels je me suis adonné dans ma vie, il m'est arrivé à de nombreuses reprises de ressentir un vide comme décrit dans les propos de Roger du Pasquier : « Face à la multiplicité des loisirs et des gadgets, l'être humain se distrait, se disperse, se dissipe, mais ne trouve pas la paix de l'âme et ressent toujours ce vide intérieur (30). » D'ailleurs, le verset coranique : « Je n'ai pas créé les jinns et les hommes si ce n'est pour Me servir (31) » affirme bien que les créatures, dans leur totalité comme dans leur spécificité, ne sont créées que pour répondre à cette nécessité d'adoration qui, pour elles, est tout simplement vitale (32).

En islam, musulmanes et musulmans ne mettent pas tous leurs œufs dans le même panier. Ils s'investissent pleinement dans la vie présente et s'investissent également dans leur vie spirituelle pour préparer leur vie dernière. Ils travaillent pour gagner leur vie et ils prient pour se rapprocher de Dieu. À cet égard, on rapporte la parole d'Abdallah ibn Amr ibn Al-Ass, compagnon du Prophète Mohammed : « Vis pour ce bas monde comme si tu devais y vivre éternellement et vis pour l'au-delà comme si tu devais mourir demain. » L'être humain fait souvent l'erreur de se consacrer à Dieu en l'isolant de tout le reste. Or, Dieu est présent dans tous les actes de la vie (33). L'activité mondaine et l'activité spirituelle sont orientées dans la même direction, à savoir agir et se comporter en recherchant la satisfaction de Dieu comme le souligne le Prophète Mohammed : « Dieu aime que, lorsque l'un de vous fait quelque chose, il l'accomplisse à la perfection (34). » Le rôle de l'islam, n'est pas d'affirmer une doctrine puis de présenter une voie toute tracée de salut pour l'au-delà, mais d'offrir des méthodes permettant de vaincre son individualisme dans le but de s'ouvrir à la réalité divine. L'islam en tant que religion n'est pas une philosophie, elle propose un mode de vie qui vise le bien-être de l'homme et, dans le même temps, un comportement à avoir vis-à-vis de Dieu et un comportement à avoir envers les êtres humains (35).

Enfin, une dernière réflexion portant sur l'amour me permit de clore mes recherches sur la question : « Mais en réalité, qu'est-ce que l'islam ? »

L'AMOUR

Du point de vue du soufisme (je parle du soufisme, voie intérieure et spirituelle de l'islam, dans le chapitre 6 de ce livre), l'être humain est sur Terre pour apprendre deux choses : être moins égoïste et aimer. En réalité, ces deux choses sont liées, car, en devenant moins égoïste, la part de l'ego diminue et laisse plus de place à l'amour (36). Dans ce sens, l'une des plus grandes figures du soufisme Abu Yazid Al-Bistami dit que : « L'islam est bâti sur deux fondamentaux, deux choses très simples. L'une est le respect, le plus grand qui soit, pour notre Seigneur. La seconde est de prendre soin de Ses serviteurs, d'être compatissant envers eux et toutes Ses créatures en général, quelles qu'elles soient (37). » En effet, quand l'amour de Dieu habite l'être humain, il pose son regard avec amour sur toutes choses, car il est amoureux du Créateur de toutes ces choses. En aimant Dieu, on aime le pauvre comme le riche, le bon comme le mauvais, le beau comme le vilain. En réalité, on aime la communauté humaine, car elle est la création de Dieu, œuvre de Dieu (38).

La religion de l'islam est à l'intersection entre une dimension spirituelle (représentée par l'axe vertical) impliquant des devoirs vis-à-vis du Créateur et une dimension sociale (représentée par l'axe horizontal) impliquant des devoirs et un savoir-vivre à l'égard de toute la création de Dieu, à savoir les êtres humains et la Terre (comprenant les trois règnes : minéral, végétal et animal) (39). L'être humain doit viser l'excellence dans cette double relation (intérieure et extérieure). C'est ce que le maître soufi As-Soulami, dont j'ai essayé de symboliser la pensée par le schéma ci-après, nomme : « les convenances de la compagnie spirituelle et des relations sociales (40) ».

Il y a un proverbe arabe que j'aime beaucoup : « Peu importe où Dieu te plante, donne des fruits », car il résume ce que doit être une personne musulmane dans la société, à savoir, une personne dynamique, productive, utile, peu importe le pays dans lequel elle se trouve. L'islam encourage l'utilisation de nos différentes capacités intellectuelles et physiques pour laisser une trace positive de notre passage sur la Terre. En effet, comme l'écrit Tahar Gaïd : « Dieu a distribué des dispositions et des habilités entre les gens afin que ceux-ci aient besoin les uns des autres (41). » Dans cet esprit, une dentiste aura besoin d'un boulanger pour acheter son pain, le boulanger aura besoin d'un technicien pour réparer son four et le technicien aura besoin de la dentiste pour soigner sa carie dentaire. C'est là un des enjeux de l'islam : être utile aux personnes que nous connaissons comme celles que nous ne connaissons pas (42). On rapporte qu'un jour, au cours d'une expédition, un des compagnons du Prophète Mohammed vint le trouver et lui dit : « Ô Messager de Dieu, j'ai trouvé ici une grotte assez vaste pour y habiter et tout près, il y a une source d'eau potable ; autorise-moi à quitter le monde et m'installer ici, loin des vices des gens, et à passer mon temps dans l'adoration et le souvenir de Dieu. » Le Prophète le lui défendit et dit que ce n'est pas cela la vraie vie islamique (43).

Il m'est déjà arrivé d'entendre de la part de certains que l'islam n'était pas une religion prônant l'amour et la paix. Pourtant, le sens du mot islam est double. La signification du terme islam provient du verbe arabe « aslama » qui veut dire « s'en remettre ou s'abandonner (à Dieu) » et l'étymologie du mot islam, « salam » se rattache bien à la paix (44). À cela, il faut ajouter qu'en parlant du Prophète Mohammed, Dieu dit dans le Coran : « Nous ne t'avons envoyé [ô Prophète] qu'à titre de miséricorde pour les mondes (45). »

Tout au long de sa mission prophétique, le Prophète Mohammed lutta contre toutes sortes de discriminations fondées sur la confession religieuse, la couleur, la nationalité, l'origine, le rang social comme l'attestent ses propos tenus à l'occasion du sermon d'adieu, à la Mecque, l'année de sa mort : « Toute l'humanité descend d'Adam et Ève. Un Arabe n'est point supérieur à un non-Arabe, et un non-Arabe n'est point supérieur à un Arabe ; et les Blancs ne sont point supérieurs aux Noirs, de même que les Noirs ne sont point supérieurs aux Blancs. Aucune personne n'est supérieure à une autre, si ce n'est en piété et en bonnes actions. Vous savez que chaque musulman est le frère de tous les autres musulmans. Vous êtes tous égaux (46). » L'amour, la bienveillance, la miséricorde constituent l'essence du message muhammadien. Dès que la croyante et le croyant s'en détournent, ils perdent ce lien précieux, entrent en confusion et s'éloignent de plus en plus de Dieu et de l'islam (47).

Je vais donc clore cette partie en répondant moi-même à la question : « Mais en réalité, qu'est-ce que l'islam ? » Selon moi, l'islam consiste à s'abandonner à Dieu, à se conformer à ce qu'Il souhaite et à s'éloigner de ce qu'Il prohibe. En effet, une fois libérée de l'emprise de l'ego et soumise à Dieu, l'âme atteint la paix intérieure et agit avec amour, compassion et excellence avec le Créateur ainsi qu'avec toute Sa création.

On raconte qu'un jour, des personnes, en voyant le Prophète Jésus passer devant eux, se mirent à l'insulter. Le Prophète répondit en priant pour eux. Un disciple lui demanda : « Pourquoi as-tu prié pour ces hommes ? N'es-tu pas furieux d'être traité de la sorte ? » Jésus répondit : « J'ai donné uniquement ce que je possédais (48). »

Je conclus cette partie avec les propos du maître soufi Ahmad Al-Alawi qui donna en exemple à ses disciples une poule venant de trouver un croûton de pain. À grands cris, elle rassemble tous ses enfants, leur émiettant sa trouvaille et veillant à ce que chacun ait sa part, sans rien garder pour elle. Un bruit dans le ciel ? Elle crie au rassemblement et couvre sa famille. Puis, les poussins grandissent. Ils chassent les mouches, n'entendent plus la mère, ne répondent plus à l'appel. Ils cherchent leur nourriture, ils se font grands. La mère poule sent qu'elle a perdu ses enfants. Si, par hasard, il s'en trouve un qui vient picorer dans ses pattes, d'un coup de bec, elle le repousse : débrouille-toi seul puisque tu veux faire selon ta volonté ! L'habitude de la mère poule avec ses poussins est presque celle de Dieu avec ceux qui ne veulent compter que sur eux-mêmes. Voilà pourquoi beaucoup de gens souffrent du fardeau de la vie, parce qu'ils ne se sont pas abandonnés à la volonté de Dieu (49).

chapitre 2.

LE CORAN

Pour les musulmans, le Coran, qui signifie littéralement « la lecture », représente la parole de Dieu dictée à l'ange Gabriel puis transmise au Prophète Mohammed chargé de faire la lecture aux croyantes et aux croyants pour qu'ils méditent sur le sens de la parole divine comme l'affirme le verset suivant : « [Les Prophètes ont apporté] les preuves évidentes et les Écritures. Et Nous t'avons révélé le Rappel (le Coran) pour que tu exposes à tous les hommes [et toutes les communautés] ce qui leur a été révélé, afin qu'ils réfléchissent (1). »

L'histoire nous informe que c'est en l'an 610 de notre ère, que Mohammed, alors âgé de quarante ans, vécut la révélation. Muni de vivres et d'eau, il avait l'habitude de se rendre dans la grotte Hira, située dans une montagne appelée « la montagne de la lumière » (en arabe, *Jabal an-Nour*), près de la Mecque, pour s'isoler et méditer. Une nuit, alors qu'il était dans la grotte, Mohammed fut réveillé par une présence surnaturelle et lumineuse qui lui demanda de « lire ». Voici, les premiers versets du Coran révélés à Mohammed relatant cette rencontre extraordinaire entre l'ange Gabriel et lui-même : « Lis, au nom de ton Seigneur qui a créé, qui a créé l'homme d'un embryon. Lis, ton Seigneur est le Tout-Généreux qui a appris [à l'homme à écrire] par le calame [la plume]. Il a enseigné à l'homme ce qu'il ne savait pas (2). »

Si vous lisez le Coran, vous vous apercevrez que le texte coranique propose une lecture totalement différente d'un autre livre. En effet, la compréhension des versets comporte elle-même des degrés différents de compréhension et de perception qui se dévoilent au fur et à mesure que la réflexion du lecteur s'intensifie comme le souligne le verset : « [Par obstination] ils accusent de mensonge ce qu'ils ne comprennent pas et ce dont l'interprétation profonde [à cause du mauvais état de leurs cœurs] ne leur est pas dévoilée. Ceux (les impies, injustes) qui vécurent avant eux niaient [les vérités] de la même manière (3). » Aussi, certains ne pourront pas aller au-delà d'une lecture littéraliste et d'autres percevront et saisiront les multiples significations, toujours plus subtiles, de chacun des versets du Coran (4).

Le style métaphorique des versets de la sourate « Le tonnerre » font bien allusion à cette pluralité de niveaux de compréhension spirituelle parmi les êtres humains : « Il y a sur la terre des parcelles qui se jouxtent [sont situées côte à côte], des jardins plantés de vignes, des cultures de céréales, des palmiers groupés ou isolés qui, tous, sont arrosés avec la même eau et dont, par un effet de Notre faveur, certains sont rendus plus savoureux que d'autres [ont des qualités supérieures par rapport aux autres] (5). » Plus l'être humain chemine vers Dieu, plus Il nous permet de percevoir les profondeurs de Son message.

Voici un autre exemple avec les versets de la sourate « L'embryon », qui, comme évoqué précédemment, parlent de la rencontre entre l'ange Gabriel et Mohammed : « Lis, au nom de ton Seigneur qui a créé, qui a créé l'homme d'un embryon. Lis, ton Seigneur est le Tout-Généreux, qui a appris [à l'homme à écrire] par le calame [la plume]. Il a enseigné à l'homme ce qu'il ne savait pas. » Le texte coranique laisse entendre que la lecture et l'écriture sont indispensables à l'homme pour acquérir et partager la connaissance. Dieu souhaite aussi attirer l'attention de Son Prophète quant à l'usage de la plume pour propager l'islam et aussi préserver la révélation contre toutes tentatives de déformation.

Il est important de comprendre que le miracle du Coran réside dans la profondeur du sens de ses versets. Effectivement, le Prophète Mohammed étant le dernier prophète envoyé par Dieu aux hommes, il fallait un miracle qui puisse accompagner (spirituellement) l'humanité jusqu'à la fin des temps. On rapporte que le second calife de l'islam, Omar ibn Al-Khattab, demanda à ibn Abbas, proche compagnon du Prophète Mohammed et expert de la science coranique, de rejoindre en dépit de son jeune âge son conseil consultatif, composé des personnes les plus avancées dans la science. Quand les anciens lui demandèrent la raison, le calife décida de tester leur niveau de compréhension du Coran. Il demanda aux anciens de donner une explication à la sourate « Le secours » : « Lorsque vient le secours de Dieu ainsi que la victoire et que tu vois les gens entrer en foule dans la religion de Dieu, alors, par la louange, célèbre la gloire de ton Seigneur et implore Son pardon, car c'est Lui le grand Accueillant au repentir. » Ces derniers répondirent : « Ce verset demande au Prophète de remercier Dieu et de chercher Son pardon lorsqu'il voit les gens entrer en masse en islam grâce à l'aide de Dieu et à la victoire qui en découle. » N'étant pas satisfait de cette réponse, le calife posa la même question à ibn Abbas qui répondit de la sorte : « Cette sourate évoque l'approche de la mort du Prophète, car lorsque les gens entrent en masse dans la religion de l'islam, cela signifie que la mission du messager est sur le point de se terminer. » Le calife se tourna alors vers les membres de son conseil et dit : « Voilà pourquoi ibn Abbas est parmi vous dans ce conseil. » (6)

Le Coran se compose de cent quatorze sourates (dont le mot « chapitre » pourrait être un équivalent), de longueur variable, divisées en versets (dont le mot « paragraphe » pourrait être un équivalent), révélées de manière échelonnée, morcelée et progressive durant les vingt-trois années de la prophétie. Bien que la transmission de la parole divine se fît exclusivement par voie orale, toutes les fois que le Prophète Mohammed recevait une révélation, il la récitait devant l'assemblée des hommes, puis encore une fois devant l'assemblée des femmes (montrant ainsi son souci pour l'éducation des femmes), puis il appelait un de ses scribes et lui dictait ce qui lui avait été révélé. Une fois ce travail effectué, le Prophète lui demandait de lire ce qu'il avait noté, afin de pouvoir corriger les erreurs éventuelles du copiste (7). À cette époque, l'Arabie était une société qui privilégiait la communication orale tout simplement, car peu de gens savaient lire et écrire. De ce fait, les supports sur lesquels la parole de Dieu était écrite n'avaient pas la même considération et importance aux yeux des musulmans que les personnes ayant mémorisé mot à mot l'intégralité du Coran (en arabe, *hafiz*).

Néanmoins, ce mode de transmission ne manqua pas de susciter la raillerie des adversaires de la nouvelle religion, affirmant pour la discréditer que les propos ne venaient en réalité pas de Dieu, mais venaient d'un magicien en la personne de Mohammed. Pour lutter contre ce dernier, les notables de la Mecque décidèrent d'empêcher les gens d'écouter son message. Ils avertirent chaque personne venant de la Mecque de se tenir éloignée de Mohammed. Par exemple, on raconte que Tufaïl ibn 'Amr 'ad-Dawsi, un homme respecté, à la fois poète et intelligent, vint à la Mecque. Les Mecquois le trouvèrent tout de suite et l'avertirent : « Ô, Tufaïl, tu es venu dans notre ville. Cet homme, Mohammed, qui se trouve parmi nous, nous est hostile, il nous a divisés et nous a causé des tracas. Ses paroles, comme une magie, séparent l'homme de son père, de son frère et de sa femme. Nous avons peur pour toi et pour tes gens qui viennent ici. Gardez-vous de lui parler et d'écouter quelque chose ». Tufaïl raconte la suite de son histoire : « Ils ne cessèrent de m'avertir sur Mohammed. Je pris la décision de ne pas lui parler et de ne rien écouter de lui. Quand je me dirigeai vers la Ka'ba, par l'impulsion de la peur, je bouchai mes oreilles avec du coton. Quand j'arrivai à la Ka'ba, Mohammed était en prière près d'elle. Malgré mes précautions, Dieu me fit entendre quelques phrases que je trouvai parfaites et me dis : « Que Dieu m'emporte, par Dieu, je suis un homme sage et poète, je peux distinguer le bien du mal, pourquoi ai-je peur ? Si ce qu'il dit est bon, je l'accepte, si ce qu'il dit est mauvais, je m'en éloigne », je l'écoutai jusqu'à la fin. Quand il rentra chez lui, je le suivis et entrai avec lui puis dis : « Ô, Mohammed, ton peuple dit beaucoup de choses sur ton compte et j'ai même dû mettre du coton dans mes oreilles. Expose-moi ton affaire ». Il m'expliqua l'islam et récita du Coran. Par Dieu, je n'avais jamais entendu de paroles aussi belles que celles-ci et j'acceptai l'islam sur le champ (8).

Contrairement à ce qu'on pourrait penser, le Coran n'est pas un livre comme les autres, c'est une conversation entre Dieu et Mohammed. D'ailleurs, la révélation coranique ne venait pas au Prophète selon sa volonté. En effet, le Prophète Mohammed se trouvait parfois dans l'obligation de raisonner et de faire un effort d'interprétation de la parole divine selon son bon sens et il arrivait parfois que Dieu ne l'approuvât pas. Dans ce cas, une révélation venait aussitôt pour l'abroger, afin que la communauté musulmane ne commette pas la même maladresse à travers la maladresse du Messager de Dieu. La règle est simple, si l'opinion de Mohammed, en l'absence d'une révélation, n'est pas abrogée *post eventum* par Dieu, c'est que Dieu l'approuve. Toute opinion de Mohammed non dénoncée par Dieu vient ainsi en parité avec le Coran, car le Coran déclare que : « Votre ami [véritable] (Mohammed) ne s'est pas égaré et n'est pas dans l'erreur, il ne s'exprime pas par la passion, [ce qu'il dit] n'est qu'une Révélation [qui lui est] révélée, [Gabriel la] lui a transmise (9). »

Il m'est déjà arrivé d'entendre à la radio ou de voir à la télévision des débats sur le thème de l'islam. Malheureusement, en règle générale, aucun des intervenants invités pour débattre ou présenter son point de vue n'est théologien, linguiste, imam ou même musulman. Je m'interroge, mais est-ce que ce serait pertinent d'organiser un débat télévisé parlant des solutions thérapeutiques pour lutter contre la Covid-19 avec des intervenants dont aucun n'est virologue, microbiologiste, infectiologue ou même médecin ? Je ne pense pas, cela pourrait induire les gens en erreur comme le souligne Dieu dans le Coran au sujet de l'islam : « C'est Lui [Dieu] Qui t'a révélé le Livre [le Coran] ; certains de ses versets sont décisifs [explicites] – ils forment la base du Livre – et d'autres sont allégoriques [pluridimensionnels]. Alors ceux dans le cœur desquels il y a de la perversité suivent la partie qui est allégorique, cherchant à induire en erreur, et cherchant à lui donner (leur propre) interprétation [ils cherchent à inventer une interprétation tendancieuse]. Et personne n'en connaît l'interprétation sauf Dieu et ceux qui sont fermement enracinés dans la connaissance. Ils disent : Nous y croyons, tout vient de notre Seigneur (10). »

Il est important de comprendre que tous les versets coraniques ont été révélés dans certaines circonstances précises de la vie du Prophète de l'islam et de sa communauté, et que ces versets viennent résoudre des problèmes ou répondre à des questions particulières. Par conséquent, il est fondamental de connaître le contexte d'apparition des versets pour en saisir le sens véritable et donc la portée universelle qu'il faudra en déduire. En effet, toute interprétation des versets coraniques doit être cohérente avec les autres parties et l'esprit du Coran. Il n'est par conséquent ni faisable ni juste de prendre en compte des versets du Coran isolément de la tradition du Prophète Mohammed, car elle est un élément essentiel pour comprendre bien des versets très allusifs, dont la signification peut nous échapper (11). D'ailleurs, lors des débats à la radio ou à la télévision, il m'est déjà arrivé d'entendre que des intervenants citent certains versets du Coran. En revanche, je n'ai jamais entendu un intervenant citer la tradition prophétique pourtant si précieuse pour percevoir le sens du message coranique !

En effet, n'est pas théologien qui veut. Par exemple, même le choix du nom de la sourate « La clarté du matin » n'est pas anodin. Il attire l'attention sur la diffusion progressive de la lumière du Soleil comme la lumière de l'islam. En effet, la lumière du Soleil n'atteint pas toute sa splendeur immédiatement après son lever. De la même manière, la vérité brillera progressivement de tout son éclat par l'intermédiaire du Prophète Mohammed. Les trois premiers versets de cette même sourate, par exemple, sont tout aussi pleins de sens : « Par la clarté du matin ! Et la nuit quand elle est calme ! Ton Seigneur ne t'a ni abandonné, ni repoussé (12). »

On peut considérer ces versets comme des paroles de consolation dans lesquels Dieu affirme qu'Il n'abandonnera jamais Son Prophète. À la lumière de l'histoire qui suivra, les mots ont un sens, car ils indiquent qu'au cours de son histoire future, l'islam devra forcément connaître des reculs qui pourraient susciter de tels doutes. Le Prophète Mohammed et ses fidèles reçoivent donc l'assurance que Dieu n'abandonnera jamais la cause de l'islam. En effet, pour donner plus de poids à cette interprétation, il y a le fait qu'ici ce n'est pas la nuit qui est suivie de la clarté du jour, ce qui était le cas avant l'avènement de la prophétie, mais la clarté du jour qui est suivie du calme de la nuit, ce qui semble être une allusion à l'inactivité du peuple musulman après que le soleil a brillé, après l'apparition du Prophète Mohammed (13).

Pour ma part, je conseille toujours aux personnes qui souhaitent découvrir l'islam de commencer par lire des livres sur la vie du Prophète Mohammed pour comprendre le texte coranique plutôt que de commencer par lire le Coran seul. Le Coran contient des règles de vie, des lois, des usages et des interdits à respecter dans la sphère personnelle et sociale. Cet ensemble de prescriptions constitue la voie (en arabe, *charia*) et représente le chemin pour vivre une vie apaisée, droite, équilibrée, juste, dont le Prophète Mohammed est la parfaite illustration (14).

Dans la mosquée que je fréquente, alors que j'animais un cours avec des adolescents sur le thème du Coran, je posai la question : « Combien parmi vous ont déjà lu la totalité du Coran en français ? » Parmi la quinzaine de personnes présentes, une seule leva la main. Cette situation me rappela les vers du poème intitulé Les Plaintes du Coran que voici : « Comme un ornement, ils me décorent, ils me gardent et parfois m'embrassent, dans leurs célébrations ils me récitent, dans leurs querelles ils jurent par moi, sur des étagères ils me rangent. Oui, ils me lisent et ils m'apprennent, pourtant je ne suis qu'un ornement, mon message est négligé, mon trésor reste enfermé, le champ demeure inculte, où autrefois fleurissait la gloire, c'est un mauvais traitement que je subis, j'ai tellement à donner, mais personne n'est là pour le voir (15). » Il est important que nous, musulmanes et musulmans, lisions et méditions la parole divine régulièrement, car, comme l'écrit Miloud Ismaïli, « L'éloignement du livre provoque des écarts de conduites et de paroles qui affectent notre spiritualité (16). » La méditation profonde du sens des versets du Coran ouvre la voie vers des horizons intérieurs que la lecture littérale ne permet pas, comme le souligne le maître soufi Al-Darqawi : « Le texte coranique est immense et les significations de ce qui est immense ne sauraient être autres qu'immenses (17). » Le Coran a été révélé pour montrer aux musulmanes et musulmans la voie à suivre. En effet, la réflexion du message coranique et de l'exemple prophétique apporte le discernement et la force spirituelle nécessaires pour mener une vie sereine dans la voie de Dieu. En ce sens, le Prophète Mohammed dit : « Récitez le Coran aussi longtemps qu'il vous empêche [de faire le mal].
S'il ne vous empêche pas, c'est que vous ne le récitez pas vraiment (18). »

Aujourd'hui, les nouvelles technologies facilitent l'accès à certaines connaissances religieuses au plus grand nombre et ouvrent malheureusement la porte à des contenus haineux, misogynes, racistes contre les valeurs originelles de l'islam de la part de religieux musulmans dont l'identité et l'autorité religieuse ne sont absolument pas vérifiables. Un maître soufi dit un jour à son disciple : « Je peux cuisiner pour toi, mais je ne peux pas manger à ta place (19). » Dans cet esprit, les musulmanes et musulmans doivent faire l'effort de lire, de rechercher, de méditer, de confronter leurs idées avec autrui pour cheminer spirituellement. Aucun orpailleur ne tombe sur de l'or dès le premier coup de pioche. C'est une quête de longue haleine dans laquelle il faut de la conviction, de la patience et de la sincérité.

Dans ma relation avec le Coran, j'ai été marqué par trois choses. Tout d'abord, j'ai été surpris par la facilité d'apprendre à lire l'arabe et à mémoriser les différentes sourates du Coran, confirmant le verset : « Et certainement, Nous avons fait en sorte que le Coran soit facile à retenir, mais y a-t-il quelqu'un qui s'en souciera (20) ? » Les dix dernières sourates du Coran sont courtes et simples à apprendre par cœur pour les réciter dans les prières canoniques, et lors de mon apprentissage de ces sourates, j'ai également appris la traduction française des versets, de manière à ne pas de réciter le Coran de façon mécanique. Je voulais absolument comprendre le sens des mots prononcés dans ma prière pour favoriser le recueillement. À cet égard, j'aime beaucoup la pensée de l'imam Chaban Efendi quand il dit : « Le véritable mémorisateur du Coran est celui qui connaît le Coran par cœur et qui applique dans sa vie quotidienne ses ordres et ses interdits (21). »

Ensuite, à chacune de mes lectures du Coran, j'ai le sentiment que des sens nouveaux apparaissent et je me sens totalement immergé dans ma lecture, comme si le Coran parlait à mon âme directement, comme évoqué dans ce verset : « Dieu a fait descendre la plus belle des paroles : un Livre riche en analogies et en antinomies. La peau de ceux qui redoutent leur Seigneur en frissonne, puis leur peau et leur cœur s'adoucissent au souvenir de Dieu (22). »

Enfin, lorsque je lis le Coran en arabe, je retrouve un apaisement intérieur bien que je ne sois pas arabophone. Il est vrai que même si je lis des passages que je ne comprends pas, les mots du Coran sont les mots de Dieu, ce sont donc des mots dont la profondeur et la signification sont illimitées. À ce sujet, voici une belle histoire soufie sur le thème du « pouvoir des mots ». Autrefois, il y avait un maître spirituel reconnu dans tout Istanbul comme étant un grand guérisseur. Un soir, le maître spirituel fut invité à un dîner avec un autre convive, le ministre de la Santé ottoman, reconnu pour avoir étudié le savoir occidental et pour être méprisant à l'égard des musulmans de la « vieille école » comme le maître. La fille de l'hôte eut ce soir-là une crise d'épilepsie et ce dernier demanda au maître de faire des invocations à Dieu en sa faveur.

ANNÉE 1021
ENFIN ...
CHEIKH, J'AI FAIT TANT DE CHEMIN POUR VOUS POSER UNE QUESTION
ANNÉE 2021
ET HOP, NO PRISE DE TÊTE. MERCI COUGUEULE !

Le maître fit des invocations dans lesquelles il demanda à Dieu la guérison de la fille. Celle-ci commença peu à peu à se rétablir. Le ministre se montra très contrarié et déclara : « Nous devons mettre fin à ce genre de superstition et nous consacrer à la médecine moderne occidentale. Ces pratiques sont démodées et nous empêchent d'évoluer. Nous sommes désormais dans un monde moderne. Nous devons utiliser des médicaments au lieu de réciter ce genre de charabia et de faire semblant de guérir quelqu'un. » Le maître se tourna vers le ministre et lui dit : « Je ne savais pas que notre gouvernement recrutait des idiots comme ministres ! » Le ministre de la santé ottoman devint rouge de colère, mais le maître poursuivit : « Comment quelqu'un qui ne possède aucune intelligence peut-il intégrer notre gouvernement ? » Le ministre devint blanc, si furieux qu'il put à peine respirer. Soudain, le maître changea complètement de ton : « Mon fils, puisque tu es devenu contrarié, s'il te plaît, assieds-toi et calme-toi. Ce n'est pas bon pour ta santé. » Le ministre ne sut quoi dire. Le maître continua : « Tu vois comment quelques mots t'ont affecté, ta tension artérielle a grimpé en flèche, ton cœur bat la chamade. Si quelques mots désagréables peuvent t'affecter de façon négative, alors peut-être que la récitation des mots sacrés du Saint Coran peut affecter quelqu'un de façon positive. » (23) Sans rentrer dans le sujet, il va de soi que les sciences religieuses vont de pair avec les sciences médicales. Pour illustrer mon propos, j'emprunte le récit dans lequel un homme demanda au Prophète si le temps d'effectuer sa prière à la mosquée, il devait attacher sa monture ou bien s'il pouvait la laisser libre devant le lieu de culte en plaçant simplement sa confiance en Dieu. Le Prophète Mohammed lui répondit : « Attache-la puis fais confiance à Dieu. » Il en est de même pour la santé, suivons les conseils des médecins dont c'est le métier et, par la suite, ayons confiance en Dieu.

Pour conclure cette partie, j'aimerais rappeler que le Coran fait partie des trois livres saints avec la Torah et la Bible. L'une des doctrines fondamentales du Coran est celle de la continuité de la révélation entre tous les prophètes que Dieu envoya à chaque nation pour les guider sur le chemin de la vertu comme l'atteste le verset suivant : « Il n'y a aucun peuple au sein duquel un avertisseur ne soit allé (24). » L'islam, défini comme la soumission à la volonté de Dieu, est en réalité le nom de la religion incarnée par tous les messagers et prophètes comme Moïse, Jésus, Mohammed, envoyés par Dieu aux êtres humains. Le texte coranique se trouve tout simplement dans la continuité des messages des prophètes précédents comme l'affirme le verset : « Rien ne t'est dit (Mohammed) que ce qui a été dit aux messagers avant toi (25). » Le Coran exige ainsi de croire au Prophète Mohammed et de suivre son message.

Les trois religions monothéistes, à savoir le judaïsme, le christianisme et l'islam sont souvent perçues comme trois religions distinctes alors qu'en réalité ces trois religions ne forment qu'une seule et même religion. L'unicité de Dieu est le point commun du message des trois messagers et prophètes que sont Moïse, Jésus et Mohammed. Peu importe les époques, il a toujours été question de rappeler à l'homme l'unicité du Créateur et ses responsabilités. Par exemple, le chapelet (en arabe, soubha), se compose bien de grains placés à des endroits différents (qui représentent les prophètes et messagers) et tous les grains sont reliés par un même fil (qui représente le fil conducteur à savoir l'unicité divine).

En revanche, ce qui distingue le judaïsme, le christianisme et l'islam, porte sur la forme, je veux dire sur la manière d'adorer Dieu. En effet, chaque messager, lorsqu'il est envoyé à un peuple (ou à l'humanité dans le cas du Prophète Mohammed), apporte avec lui un enseignement spirituel, une voie, une façon d'adorer et cheminer vers Dieu (en arabe, *charia*) : « Pour chacun de vous, Nous avons déterminé une loi et une manière (26). » Peu de temps avant sa mort, le Prophète, alors qu'il était entouré de ses compagnons, se leva et fit un discours. Il commença par louer Dieu et dit : « Ô vous les gens ! Certes je ne suis qu'un homme à qui le messager de son Seigneur va bientôt venir et je vais lui répondre. Je vous laisse deux choses d'une lourde importance et aussi longtemps que vous les maintiendrez solidement, vous ne vous égarerez jamais. La première est le Livre de Dieu (le Coran), la seconde, ma méthode (ma tradition). Aussitôt que la tradition prophétique filera de vos mains, vous ne connaîtrez que fourvoiement sur fourvoiement [erreur sur erreur] (27). »

chapitre 3.

LE PROPHÈTE MOHAMMED

La tradition prophétique (en arabe, *sounna*) désigne l'ensemble des attitudes, gestes, paroles, qualités morales et personnelles, silences approbatifs du Prophète Mohammed qui nous ont été rapportés par les transmetteurs de la science de la tradition prophétique.

En islam, la tradition prophétique, appelée également « cheminement prophétique », désigne la personnification des commandements divins présents dans le Coran en la personne du Prophète Mohammed comme l'affirme ce verset : « Vous avez dans le Prophète de Dieu le [plus] beau modèle [à suivre] pour [tous] ceux [de vous les humains] qui espèrent en Dieu et au Jour dernier et qui se rappellent fréquemment Dieu (1). » À cet égard, le maître soufi ibn Arabi écrit que : « Le fait de se conformer à l'attitude de l'Envoyé de Dieu vaut mieux que d'inventer une autre forme de louange, car rien n'est plus élevé que ce qui a été institué par celui qui possède la science parfaite, celui pour lequel Dieu affirme qu'il possède la véritable science à Son sujet (2). »

Dieu demande aux musulmanes et musulmans de se conformer à l'Envoyé de Dieu, de suivre sa voie et de s'inspirer de son cheminement spirituel comme le souligne l'écrivain Yacoub Roty : « Pour parvenir à aimer Dieu et à Le servir comme il convient, il faut apprendre à suivre l'exemple de Son Envoyé. Sache que son exemple est appelé “la sagesse” dans le Coran. Pour imiter, acquérir cette sagesse, il faut le connaître, car on ne peut pas imiter quelqu'un que dans la mesure où l'on sait peu de choses sur lui. Si tu apprends quelle a été sa vie, tu découvriras comment il s'est comporté dans toutes les circonstances que Dieu lui a imposé de vivre. Ainsi, tu apprendras ce qu'il t'importe de savoir de lui. Tu t'apercevras en quoi ta façon d'agir se rapproche de la sienne et en quoi elle s'en éloigne. Tu apprendras ainsi à te connaître. Tu pourras alors t'efforcer de développer en toi les qualités que tu vois en lui et t'efforcer de faire disparaître en toi les défauts dont tu ne vois nulle trace en (3). »

Pourtant, aussi paradoxal que cela puisse paraître, bien que le Prophète Mohammed soit unanimement aimé et respecté au sein de la communauté musulmane et que sa vie soit connue dans les moindres détails, il n'est pas rare de constater une connaissance limitée, voire inexistante, de sa personnalité, de ses qualités ou bien des faits marquants de sa vie.

COURS RELIGIEUX D'ÉTÉ
LES ENFANTS DITES-MOI CE QUE VOUS SAVEZ DU PROPHÈTE MOHAMMED
EUHHH
ZZZZ
?
BONNE QUESTION
C'EST UN PROPHÈTE
JE NE LES TROUVE PAS EN FORME CE MATIN !
TRÈS BIEN, DITES-MOI CE QUE VOUS SAVEZ DE KRISTIANO ROLANDEAU ?
!?
CHAMPION D'ITALIE 2020
J'AI DES POSTERS DE LUI PARTOUT
5 FOIS BALLON D'OR

Pour celles et ceux qui ne connaissent pas la vie du Prophète de l'islam, l'écrivain Osman Nûri Topbas dresse un portrait succinct et fidèle à l'homme qu'était Mohammed : « En très peu de temps, Mohammed avait atteint le sommet qu'aucun roi n'a jamais pu atteindre. Il commandait un empire sans posséder aucun sentiment de gloire ni de grandeur. Il continua sa vie pétrie d'humilité, en ne prêtant aucune attention aux bienfaits de ce bas monde étalés sous ses pieds. Comme avant, il continua de vivre pauvrement dans sa modeste maison faite de boue mélangée de paille. Il dormait sur des coussins remplis de feuilles de dattier. Il se vêtait modestement. Il vivait en deçà du niveau de vie des plus démunis. Parfois, ne trouvant aucune nourriture, il remerciait néanmoins son Seigneur. Pour apaiser sa faim, il attachait des pierres sur son ventre. Bien que tous ses péchés passés et futurs lui aient été pardonnés, il ne cessait point de remercier et d'invoquer son Seigneur. Il passait ses nuits en prière jusqu'au moment où ses pieds se mettaient à enfler. Il venait en aide aux misérables. Il était le consolateur de l'orphelin et du délaissé. Malgré sa supériorité, il s'est occupé des faibles. Qui plus est, il avait pour eux une miséricorde particulière (4). »

« La vie n'est pas un long fleuve tranquille, c'est une montagne à gravir », écrit Charles Regimbeau, c'est pourquoi Dieu fit don à Son dernier Prophète de la sagesse pour accomplir le voyage de la vie et montrer la Voie à suivre aux croyantes et aux croyants. À cet égard, Amadou Makhtar Samb écrit que : « En vérité, toutes les voies sont fermées aux créatures, sauf à celui qui met ses pas dans ceux de l'Envoyé, qui suit la tradition prophétique et qui demeure sur la route qu'il a tracée. Le chemin de tous les bienfaits lui est alors ouvert (5). » Il est important de comprendre qu'il n'est pas demandé aux musulmanes et musulmans de « mimer » l'Envoyé de Dieu pour se conformer à lui. Il leur est seulement demandé d'apprendre la science prophétique, de méditer sur ses états extérieurs et intérieurs et de les appliquer dans leur quotidien (6).

La littérature islamique stipule que tous les messagers de Dieu, du premier au dernier, sont des docteurs venus avec la méthode pour guérir les cœurs et les délivrer des multiples assauts de l'ego. En effet, en islam, le processus de décision de l'être humain est représenté comme tel : un stimulus est envoyé par le cœur vers le cerveau qui ordonne au corps humain de faire telle ou telle chose ou de prendre telle ou telle décision. Le cœur est par conséquent considéré comme le lieu où les décisions sont prises, d'où l'importance de veiller à la pureté de son cœur. Aussi, qui que vous soyez, vous trouverez dans la vie, la personnalité et la Voie du Prophète Mohammed des clés de compréhension pour trouver la solution aux défis et épreuves de la vie.

La pierre angulaire de l'enseignement muhammadien repose sur deux principes : le respect et le savoir-vivre (en arabe, *adab*). Une personne dotée d'un bon caractère, d'une bonne moralité, d'un bon comportement attire forcément à elle l'amour du Créateur et des créatures.

Par exemple, un jour, alors que le Prophète Mohammed était assis avec ses compagnons dans sa mosquée à Médine [la mosquée dont nous parlons se caractérise par une cour carrée d'environ quarante-cinq mètres de côté avec un auvent formé de palmiers dont le feuillage fait office de toiture. Ce lieu était avant tout un lieu de vie avec un aménagement d'une extrême simplicité, sans aucune prétention architecturale, et dépourvu de dispositif cultuel spécifique (7)], un Bédouin rentra et se mit à uriner dans un endroit de la mosquée. Voyant cela, les compagnons du Prophète se précipitèrent vers lui, certains pour l'en empêcher et d'autres pour le harponner. Le Prophète s'écria : « Laissez-le faire, surtout ne l'interrompez pas. » Quand l'homme eut fini d'uriner, le Prophète donna l'ordre de verser un seau d'eau sur l'endroit souillé puis dit au Bédouin : « Les urines et autres souillures ne conviennent guère aux mosquées, car les mosquées sont plutôt faites pour l'invocation de Dieu, les prières et la récitation du Coran. » Puis il se retourna vers ses compagnons et leur adressa ces propos : « Vous avez été envoyés pour apporter la facilité, et vous n'avez pas été envoyés pour rendre les choses difficiles. » Le Bédouin, surpris par l'attitude du Prophète, sa miséricorde et sa tolérance, dit alors : « Ô Dieu, soit miséricordieux envers moi et Mohammed et éloigne les autres de ta miséricorde ! » Le Prophète répliqua en souriant : « Tu restreins là quelque chose des plus vastes (la miséricorde de Dieu) ! » (8) Si je m'inspire de cette histoire, imaginons un instant que, moi, Philippe, avec mon allure de Français de souche, je me rende demain après-midi dans la cour d'une mosquée puis commence à uriner contre un mur intérieur. De quelle manière les fidèles vont-ils m'accueillir ? Avec l'attitude de Mohammed ou bien celle de certains des compagnons comme présentée dans le récit ?

Le manque de connaissance relatif au savoir-vivre prophétique et sa mise en pratique font cruellement défaut à la communauté musulmane. J'estime qu'il y a un monde d'écart entre les propos du Prophète que voici : « Ceux d'entre vous que j'aime le plus sont ceux d'entre vous qui jouissent du meilleur comportement et qui sont les plus accueillants, aimables, polis, serviables » et ce que je suis amené à voir ou à entendre dans la réalité, dans la communauté musulmane (9). Malheureusement, je pense qu'au lieu de contredire les préjugés à notre égard, nous les confortons. C'est regrettable, car le Prophète Mohammed vivait bien en conformité avec ses valeurs. Il accomplissait toujours ce qu'il préconisait aux autres de faire et il n'y avait pas un seul ordre divin qu'il ne démontrât par son propre exemple que ce soit dans sa relation avec Dieu, dans sa relation avec sa famille ou encore dans sa relation avec autrui (10).

Tout au long de sa vie, le Prophète Mohammed ne cessa de vouloir se rapprocher davantage de Dieu. Il préférait être un prophète serviteur de Dieu plutôt qu'un prophète roi de ce monde et ne voulait jamais apparaître comme un homme maniéré, mais comme un homme simple, facile à vivre, acceptant la volonté divine dans toutes les circonstances.

On rapporte par exemple que le Prophète Mohammed rentra chez [sa cousine appelée] Umm Hâni, la fille de Abu Talib, le ventre vide et il demanda : « As-tu de quoi manger ? » Elle répondit : « Je n'ai que des morceaux de pain sec et j'ai honte de te les proposer. » « Apporte-les ! », dit le Prophète. Elle les lui apporta, il les émietta dans de l'eau. Elle revint avec du sel dont elle saupoudra le pain. Le Prophète se mit à manger ce pain mélangé à l'eau, puis il se tourna vers Umm Hâni et demanda : « Est-ce qu'il y a de la sauce ? » Elle répondit : « Ô Messager de Dieu ! Je n'ai qu'un restant de vinaigre. » « Apporte-le », dit-il. Elle l'apporta et le versa sur son repas. Il en mangea, puis il fit la louange de Dieu [remercia] et s'exclama : « Quelle bonne sauce que le vinaigre ! » (11) Oui, le Prophète de Dieu vivait sa vie comme elle se présentait et acceptait les choses comme elles venaient. Les vertus ainsi que les qualités morales du Prophète de l'islam étaient harmonieusement équilibrées. Lorsqu'il se déplaçait il marchait les yeux baissés, il était toujours préoccupé par la révélation, concentré sur sa relation avec Dieu et réfléchissait constamment à la création de Dieu (12).

Au sujet des relations familiales, le Prophète Mohammed tint les propos suivants: Le meilleur de ma communauté est celui qui prend le plus grand soin de sa famille et j'ai le meilleur comportement envers ma famille (13). » Son épouse Aïcha témoigna qu'à la maison le Prophète Mohammed était au service des siens : il triait et raccommodait ses vêtements, trayait sa chèvre, réparait ses chaussures, se chargeait de ses affaires personnelles, aidait à nettoyer la maison, attachait le chameau et lui donnait du fourrage et faisait les courses (14). En plus de cela, l'Envoyé de Dieu était dans la vie de tous les jours, économe et opposé au gaspillage.

Enfin, le Prophète Mohammed accordait une grande importance aux relations sociales. On dit que, pour s'adresser à lui, les gens l'appelaient en ces termes: « Ô Envoyé de Dieu », « Ô Prophète de Dieu », ou encore « Ô Mohammed » et, à cette époque, tout le monde avait l'habitude de se tutoyer. Hormis en temps de guerre ou d'invasion étrangère, le Prophète n'avait aucun garde à la porte de sa maison à Médine ou dans les campements lors des voyages. Il se mêlait à tout le monde et le plus humble pouvait s'approcher de lui sans la moindre difficulté. Il circulait dans les rues ou sur le marché de la ville tout comme n'importe quel habitant du pays (15). Le Prophète Mohammed était extrêmement accueillant, attentionné et patient. Il était opposé à toutes sortes d'injustices faites à autrui et s'empressait de les faire réparer le cas échéant. Il n'acceptait jamais d'être le jouet des hommes et ne répondait pas au mal par le mal, mais pardonnait sans tenir rigueur (16).

Malgré son statut de Messager de Dieu, il voulait apparaître comme une personne ordinaire à l'égard de son peuple et répétait souvent qu'il ne savait rien des choses cachées sauf ce qui lui était révélé par Dieu de façon que les gens n'exagèrent pas dans leur éloge : « Je suis un homme comme vous.

Ma seule différence avec vous est que j'ai reçu la révélation. » Il se comportait simplement et naturellement et faisait tout pour ne pas susciter la peur dans le cœur des gens (17). Preuve de son humilité, lorsqu'il parlait avec une personne, il ne lui coupait jamais la parole avant que celle-ci ne termine sa phrase (18). Voici une anecdote en guise d'exemple. Une femme âgée avait des difficultés pour porter ses paniers. Un homme, bien intentionné, lui proposa de les porter. Au premier abord, elle refusa, prétextant qu'elle habitait trop loin, mais l'homme insista, lui rétorquant que la distance ne l'effrayait pas. Véritablement, cette femme habitait loin et l'homme transpirait à grosses gouttes en portant ses paniers très lourds. Toutefois, il les porta avec plaisir, préférant se voir, lui, dans cet état, plutôt que la vieille femme. Une fois arrivée, la femme ne savait comment le remercier, elle ne savait pas quoi lui donner en échange tant cet acte avait, à ses yeux, de la valeur. Et soudain, il lui vint une idée. Elle dit : « Je suis pauvre, je ne peux pas te récompenser par autre chose qu'un bon conseil. Si tu le suis, tu seras sauf. Il y a un homme dénommé Mohammed qui prêche une nouvelle religion, ne le suis pas, il veut nous égarer. Puissent les dieux te protéger de sa magie. » L'homme l'écouta attentivement et, une fois qu'elle eut fini de parler, il lui répondit en souriant : « Je suis Mohammed, l'Envoyé de Dieu. »

D'ailleurs, il est bon de dire que, dans ses supplications, le Prophète Mohammed n'hésitait pas à donner préférence aux autres. L'altruisme et l'élévation de l'âme dont il fit preuve durant sa vie ici-bas lui donnent la place la plus honorable auprès de Dieu (19).

Méditer sur la tradition prophétique pour toute musulmane et tout musulman est une chose essentielle pour grandir spirituellement. Bien que dans cet ouvrage je retranscrive un tout petit nombre de propos et récits prophétiques, il faut comprendre que les enseignements du Prophète Mohammed sont immenses. Voici quelques sagesses supplémentaires : « Aucun de vous ne sera croyant jusqu'à ce qu'il aime pour son frère ce qu'il aime pour lui-même » ; « Efforcez-vous de conquérir votre ego par la faim et la soif » ; « Honorer une personne âgée, c'est montrer du respect pour Dieu » ; « Il y a des récompenses célestes pour tout acte de gentillesse envers un animal vivant » ; « Dieu est beau et il aime la beauté » ; « Le Paradis se trouve aux pieds de vos mères » ; « Dieu est pur, Il aime la pureté et la propreté » ; « Les croyants sont dans leur affection, leur bonté et leur compassion les uns pour les autres, semblables au corps. Lorsque l'un de ses membres se plaint, l'ensemble du corps tombe dans la fièvre et la veillée » ; « L'homme fort n'est pas celui qui est fort à la lutte, mais c'est celui qui maîtrise sa colère » (20).

Preuve du chemin qui nous reste à parcourir et des préjugés qu'il nous reste à déconstruire, lors de mes conversations avec des personnes non croyantes, il peut m'arriver, en fonction des sujets de conversation, d'utiliser certains propos du Prophète.

Si j'emploie les propos prophétiques sans mentionner qu'ils viennent du Prophète, on me dit : « Quelle parole pleine de sagesse! ». En revanche, si j'emploie ces mêmes propos en mentionnant qu'ils viennent du Prophète, on me répond : « Oh! tu sais, je préfère prendre mes distances avec les religions. De plus, l'islam n'est pas celle dont on parle le mieux! ». Ce constat m'amène à dire avec honnêteté que nous ne sommes pas à la hauteur du message intérieur de l'islam. Nous vivons avec nos contradictions un islam qui, dans le fond et la forme, n'est pas l'islam originel et c'est la raison pour laquelle nous suscitons autant de méfiance, voire du rejet.

Dieu n'a jamais laissé l'humanité sans lumière pour la guider et cette lumière dont je parle, est bien la lumière qui émane du Coran et de la tradition du Prophète Mohammed. En effet, c'est cette même lumière qui fit sortir les premiers musulmans de l'ère de l'ignorance et marqua les cœurs et les esprits. À ce sujet, Dieu dit dans le Coran : « Croyez en Dieu et à Son Prophète et à la Lumière (le Coran) que Nous avons fait descendre (révélée). Dieu connaît parfaitement ce que vous faites (21). » Qu'attendons-nous pour nous réveiller? Qu'attendons-nous pour suivre les pas du Prophète Mohammed et mener la vie difficile à notre ego? J'aime à rappeler également que, même à sa fille chérie, le Prophète demanda d'œuvrer pour Dieu et de ne pas rester inactive : « Fatima, travaille, car je ne serai pas ton alibi auprès de Dieu (22). » Plus nous nous approcherons de la lumière prophétique, plus nous découvrirons ses états intérieurs et plus nous nous élèverons et contribuerons de manière positive à l'égard de l'humanité lors de notre passage sur Terre. En parlant de notre passage sur Terre justement, j'ai déjà entendu dire de la part de ses opposants que l'islam était une religion prônant la conquête du monde par les musulmans. Pourtant, la mission du Prophète de l'islam n'a jamais été de faire du prosélytisme, que le dictionnaire définit comme : « Un zèle ardent pour recruter des adeptes, pour tenter d'imposer ses idées (23). » Le messager n'est qu'un simple intermédiaire; il reçoit la révélation et la transmet. Il ne joue aucun autre rôle, ni comme acteur ni comme rédacteur. Le théologien Mohammed Hamidullah écrit ainsi que : « Les Prophètes sont comme des lampes et la révélation comme le courant électrique. Avec le contact du courant, la lampe donne de la lumière. Le facteur humain n'est qu'un simple instrument de transmission, un intermédiaire (24). » Le Prophète Mohammed était l'intermédiaire entre Dieu et l'humanité. Il devait communiquer ce qui lui avait été ordonné, et agir de la façon qu'on lui avait indiquée dans le Coran : « Au Prophète n'incombe que la communication explicite [des enseignements de Dieu] (25). » Sans équivoque, la mission du Prophète Mohammed (comme celle de tous les prophètes) consistait à informer le peuple et il ne cherchait aucunement à imposer ses idées comme cité dans le verset coranique : « Vous avez votre religion, et moi j'ai la mienne » pour la simple et bonne raison que la conversion des gens à l'islam ne faisait pas partie de sa mission comme l'en informe Dieu : « Il ne t'est pas donné de guider qui tu aimes, mais Dieu guide qui Il veut et Il connaît mieux que quiconque ceux qui sont bien guidés (26). »

Pour ma part, au fil de mes lectures sur la vie du Prophète Mohammed, j'ai été profondément bouleversé par sa personnalité, et cela, de mes premières lectures jusqu'aujourd'hui. J'ai été littéralement impressionné de voir autant de qualités habiter un être humain dont voici une courte liste : l'amour de Dieu, la clairvoyance, le courage, la douceur, la gentillesse, la grandeur d'âme, la miséricorde, la patience, le respect, le sacrifice de sa personne, la simplicité, la sincérité, l'honnêteté. Ainsi, un homme se présenta au Prophète Mohammed et lui demanda l'aumône. Le Prophète lui dit : « Je n'ai rien avec moi, mais va acheter en mon nom et dès que je serai en mesure de rembourser, je le ferai. » En vertu de ce que nous venons de voir, je me rends compte que Mohammed porte merveilleusement son nom puisque *Mohammed* signifie « celui qui est loué pour ses qualités » ou encore « celui dont on parle en bien ». Il est vrai que chaque musulmane et musulman porte dans son cœur un grand amour et un profond respect pour le Prophète Mohammed, comme le démontre l'une des plus grandes personnalités sportives de tous les temps, Mohammed Ali. En effet, ce dernier refusa sa place sur le *Walk of Fame* à Hollywood et, lorsqu'on lui demanda la raison du refus d'un si grand honneur, il répondit : « Je porte le nom de notre Prophète bien-aimé Mohammed et il est impossible que je permette aux gens de piétiner son nom (27). »

HOLLYWOOD - USA
PAPA, JE VOUDRAIS VOIR L'ÉTOILE DU PLUS GRAND BOXER DE TOUS LES TEMPS

MUHAMMED ALI
MON FILS, MOUHAMMED ALI A REFUSÉ QUE SON ÉTOILE SOIT POSÉE À MÊME LE SOL AFIN QUE LES GENS NE PIÉTINENT PAS LE PRÉNOM DU PROPHÈTE DE L'ISLAM

Animé par cet amour et ce respect, je préfère utiliser *Mohammed* dans ce livre pour parler de l'Envoyé de Dieu au détriment de *Mahomet*. Il est bon de savoir que c'est Voltaire qui, dans une partie de sa vie, fut hostile à l'égard de l'islam, considéra le Prophète Mohammed comme un fanatique, un imposteur et le fondateur d'une secte barbare et utilisa le prénom *Mahomet* pour nommer ses pièces de théâtre visant à se moquer des musulmans et de leur Prophète (28). Bien entendu, j'ai fait le choix d'utiliser *Mohammed* et chacun est libre d'utiliser le nom qu'il souhaite pour qualifier le Prophète de l'islam.

Je termine cette partie en évoquant deux sujets. Premièrement, il me semble nécessaire de pointer du doigt, même si cela reste une chose marginale, des personnes au sein de la communauté musulmane qui, dans l'interprétation qu'ils font de l'islam, déforment son message originel. En conséquence, nous voyons apparaître des termes tels que « islamiste », « fondamentaliste », « rigoriste », « extrémiste », laissant planer un flou sur le sens qu'ils représentent et surtout qui ils visent. En effet, le risque, bien réel, consisterait à voir une instrumentalisation de ces termes pour finalement désigner la religion de l'islam et l'ensemble de la communauté musulmane. Je rappelle que la loi islamique prend source à la fois dans le Coran et aussi dans la tradition du Prophète. Par conséquent, tenter de comprendre le Coran en isolant ses versets, sans les confondre à la tradition du Prophète, est une grossière erreur et mène les extrémistes de tous bords qui prennent cette voie dans une impasse intellectuelle et spirituelle.

En effet, comme l'affirme le célèbre théologien Al-Qadi : « Il est indispensable, pour bien comprendre la tradition du Prophète, de rechercher les contextes d'énonciation du texte prophétique et ses causes ou finalités. À défaut, notre compréhension ne peut être qu'erronée ou réductrice. En effet, parfois une prescription extraite à partir d'un texte qui semble avoir une portée générale, applicable en toute circonstance, en tout lieu, de tout temps, peut s'avérer être une prescription liée à une cause déterminée. Et de même que la connaissance des causes de révélation des versets du Coran en facilite la compréhension, la connaissance des contextes d'énonciation des propos du Prophète permet de mieux en saisir le sens (29). » Le Prophète Mohammed possède une place centrale dans la compréhension du message islamique, à tel point que Dieu accepta de mettre son nom à côté de celui de Son bien-aimé dans la profession de foi : « Il n'y a de dieu que Dieu et Mohammed est l'Envoyé de Dieu. » Le Prophète Mohammed est une lumière, plus nous nous en approchons, plus nous devenons clairvoyants, doux, tolérants. En revanche, plus nous nous en éloignons, plus nous devenons obtus, durs, intolérants.

Deuxièmement, Dieu demande aux croyants d'être reconnaissants envers toutes celles et tous ceux qui nous sont aimables, gentils, utiles, soit en les récompensant, soit en implorant la grâce de Dieu sur eux. De ce fait, réciter l'invocation sur le Prophète, « que Dieu lui accorde la grâce et la paix » (en arabe, *salalahou alayhi wa salam*), est le moins que l'on puisse faire pour remercier le Prophète et rendre grâce à Dieu de nous avoir fait un si grand don en la personne du Prophète Mohammed (30). Néanmoins, il faut garder à l'esprit que la plus belle des manières de remercier Dieu et son Messager consiste à méditer, mettre en application et transmettre la tradition prophétique. À ce sujet, on rapporte qu'un homme dit au Prophète : « Ô Messager de Dieu, heureux celui qui te voit et croit en toi ! » Le Prophète répondit : « Heureux celui qui me voit et croit en moi. Et bonheur, puis bonheur sur bonheur, à celui qui croit en moi [celui qui fait vivre ma tradition] sans m'avoir vu (31). »

chapitre 4.

LES CINQ PILIERS DE L'ISLAM

Dans les trois religions monothéistes, l'ange Gabriel exécute les ordres divins et possède une position éminente auprès de Dieu. En islam, il joua un rôle majeur dans la mission du Prophète Mohammed puisqu'il fut chargé notamment de lui enseigner la purification et la prière, de lui transmettre la révélation coranique, de répondre à ses diverses questions (après avoir consulté Dieu, l'ange rapporte la parole divine sans y ajouter son opinion), de lui faire réciter le Coran annuellement et de l'interroger sur des questions religieuses comme le montre la scène d'apprentissage suivante entre l'ange Gabriel et le Prophète Mohammed.

Le compagnon du Prophète, Omar ibn Al-Khattab rapporte l'histoire suivante : « Un jour, alors que nous étions assis auprès du Prophète, voilà que se présenta à nous un homme avec des vêtements d'une blancheur resplendissante et des cheveux très noirs. Rien en lui n'indiquait qu'il était en voyage et nul parmi nous ne le connaissait. Il s'avança pour venir s'asseoir face au Prophète appuyant ses genoux contre les siens et posa les paumes de ses mains sur ses cuisses. Il dit au Prophète :
Ô Mohammed ! Informe-moi sur l'islam. »
— L'islam consiste à attester que nul n'est digne d'être adoré en dehors de Dieu et que Mohammed est le Messager de Dieu. Il consiste aussi à observer correctement la prière, à s'acquitter de la *zakat* (aumône obligatoire), à faire le jeûne du mois de ramadan et à effectuer le pèlerinage à la Mecque si on en a les moyens, répondit le Prophète.
— Tu as dit vrai, approuva l'homme.
Nous fûmes étonnés de voir cet homme s'informer auprès de lui et en même temps l'approuver. Puis il reprit :
— Informe-moi sur la foi.
— La foi consiste à croire en Dieu, en Ses anges, en Ses livres, en Ses messagers et au Jour Dernier. Elle consiste aussi à croire au destin, bon ou mauvais, répondit le Prophète.
— Tu as dit vrai.
— Informe-moi sur la foi parfaite.
— C'est le fait d'adorer Dieu comme si tu Le voyais, car si toi tu ne Le vois pas, Lui te voit.
— Informe-moi sur l'heure du Jugement dernier.
— Celui qui est interrogé n'en sait pas plus que celui qui l'interroge.
— Informe-moi sur ses signes précurseurs.
— Elle arrivera quand la servante enfantera sa maîtresse [les mères donneront naissance à des enfants qui les traiteront avec ingratitude, comme si leurs mères étaient leurs esclaves] et quand tu verras les va-nu-pieds, les déguenillés et les gueux, parmi les bergers, rivaliser entre eux dans l'édification de constructions élevées. »

Quand l'homme partit, je restai un moment ébahi, puis le Prophète me dit : « Omar ! Sais-tu qui est celui qui est venu m'interroger ? » « Dieu et Son Messager le savent mieux », lui répondis-je. Il me dit : « C'est l'ange Gabriel – sous une apparence humaine – qui est venu vous apprendre votre religion. » (1)

Ce récit sert de référence pour comprendre les fondements de la religion islamique et présente trois étapes de la vie spirituelle en islam. La première étape représente la pratique des piliers de l'islam. L'être humain se soumet, s'abandonne à Dieu de l'extérieur, par les actes en accomplissant les cinq piliers qui sont l'attestation de foi, les cinq prières quotidiennes, le jeûne du mois de ramadan, la charité et le pèlerinage à la Mecque. L'étape suivante représente la croyance aux six piliers de la foi. L'être humain se soumet, s'abandonne à Dieu de l'intérieur, avec le cœur en considérant pour vraie et authentique la réalité de Dieu, des Anges, des Livres saints, des Prophètes, du Jour des comptes et du destin. Enfin, la dernière étape représente l'excellence. L'être humain s'abandonne totalement à Dieu, il ressent Sa présence en tout et partout puis agit avec excellence dans sa relation avec le Créateur et avec toute la création de Dieu.

Comme nous venons de l'évoquer, les cinq piliers représentent une des étapes du cheminement spirituel en islam. Ils sont apparus dans la vie des premiers musulmans de façon progressive à travers des versets du Coran révélés au Prophète Mohammed tout au long de sa mission prophétique. Prétendre aimer Dieu par le biais des mots n'est pas suffisant pour espérer se rapprocher et satisfaire le Créateur. C'est la raison pour laquelle Dieu nous demande de prouver notre amour en joignant l'acte à la parole. En ce sens, l'écrivain Idries Shah affirme que la sincérité à l'égard de Dieu se distingue : « Par l'observation des actes et l'examen des pensées, ainsi qu'en confrontant le dire et le faire (2). » Dans le même sens, le philosophe et maître soufi, Abou Hamid Al-Ghazali dit : « La sagesse, c'est à la fois la science et sa pratique (3). »

Chacun des cinq piliers de l'islam renferme des bienfaits spirituels qui ont pour but de revivifier le rapport que l'être humain entretient avec Dieu et l'ensemble de Sa création. En effet, il existe un lien important entre la foi et la pratique de la religion dans le sens où la foi diminue peu à peu si elle n'est pas soutenue par la pratique. Les attraits de ce monde obsèdent l'être humain et l'empêchent de se souvenir de Dieu de façon dévouée. Lorsqu'il commence à accomplir ses obligations religieuses, la distance entre Dieu et lui s'efface immédiatement, comme s'il était en Sa présence, apaisé et libéré de l'emprise de l'ego (4).

La pratique de l'islam ne ressemble pas à une coquille vide, dans laquelle il serait demandé aux musulmanes et musulmans de prier pour prier ou encore de jeûner pour jeûner. Bien au contraire, ils doivent adorer Dieu, d'une adoration dans laquelle l'intérieur (en arabe, *batin*) et l'extérieur (en arabe, *zahir*), la spiritualité et la pratique religieuse, sont indissociables et forment une unité et un tout cohérent (5). Comme le souligne le théologien ibn 'Ata' Allah al-Iskandari : « Il se peut que Dieu nous ait ouvert la porte de l'adoration, mais qu'Il nous ait fermé celle de l'acceptation (6). » À cet égard, il est bon de souligner que les actes cultuels doivent valider deux conditions pour être acceptés par Dieu.

La première condition consiste à adorer Dieu dans le but de rechercher Sa satisfaction sans associer un quelconque intérêt personnel ou mondain, car l'être humain est égoïste par nature et s'adresse à Dieu quand ça l'arrange comme l'expose ce verset du Coran : « Lorsque Nous comblons l'homme de bienfaits, il se détourne et part de son côté. Mais lorsqu'un mal l'atteint, il se livre à de longues supplications (7). » On raconte qu'autrefois un bourgeois avait un perroquet qu'il entoura de beaucoup de soins une année durant et auquel il donnait du sucre, dans l'espoir qu'il apprenne à parler. L'homme s'attela à cette tâche jour et nuit dans l'espoir que l'oiseau se mette à parler. Il eut beau s'appliquer, le perroquet d'aucune manière n'émit le moindre mot ! Cependant, un jour, un événement fâcheux survint : le feu embrasa la demeure du notable. Quand les flammes entourèrent la cage, le perroquet suffoqua et alors il s'écria : « Maître, au secours ! Ne sens-tu point la fumée ? Attention, sinon je vais brûler à l'instant même dans le feu. » Le maître lui répondit : « Voici qu'en de pareilles circonstances tu te souviens de moi ! Tu étais muet et silencieux jusqu'à ce jour ; d'où te vient à présent ce langage ? Par peur de mourir, tu fais appel à moi ! Si l'incendie ne t'avait inquiété, jamais tu ne te serais soucié de me parler ! » (8)

La seconde condition consiste à adorer Dieu conformément à la tradition prophétique. En effet, le Coran isolé de la tradition prophétique ne permet pas de comprendre la manière dont les obligations rituelles de l'islam comme exigé par Dieu doivent être accomplies. Par exemple, le verset coranique : « C'est Moi Dieu ; nul n'est Dieu que Moi. Adore-Moi. Accomplis la Prière pour te souvenir de Moi (9) » demande aux croyantes et aux croyants d'accomplir la prière canonique, mais ne donne aucune précision sur les conditions et modalités de la prière. Toutes ces réponses se trouvent dans la vie du Prophète Mohammed dont la vie est en fait considérée comme l'illustration du message coranique. Je précise qu'il n'est pas demandé aux musulmanes et aux musulmans de « singer » le prophète de l'islam, mais de rechercher et de comprendre le message intérieur qu'il incarne et qu'il est venu transmettre. Le Prophète Mohammed dit en parlant de lui-même : « J'ai été envoyé sur Terre pour enseigner aux gens le respect et le bon comportement (10). »

Effectivement, on peut s'interroger sur le bénéfice qu'une personne tire de la prière ou du jeûne si, par la suite, elle fraude les transports en commun, ment dans sa déclaration d'impôts ou encore dérange son voisinage. C'est pourquoi : « Prier et jeûner, c'est bien, mais chasser du cœur l'orgueil, l'envie et l'avidité, c'est beaucoup mieux », écrit un maître soufi (11).

On rapporte que, dans une allocution, un maître soufi dit à ses disciples : « Chaque chose que vous réalisez doit être habitée par l'amour (12). » Le comportement extérieur est influencé par les pensées intérieures. En d'autres termes, si l'amour habite l'intérieur de l'être humain et bien cela se traduira par une pratique extérieure amoureuse, authentique et profonde des cinq piliers de l'islam (13). D'ailleurs, le Prophète Mohammed ne cessa de manifester son amour pour Dieu tout au long de sa vie. On rapporte qu'il avait l'habitude de passer ses nuits en prière jusqu'à ce que ses pieds soient enflés, sans se relâcher ou se reposer. Lorsqu'on lui évoqua ce sujet en lui demandant d'être plus tolérant avec lui-même, il répondit : « Ne dois-je pas être un serviteur reconnaissant (14) ? »

L'ATTESTATION DE FOI

L'attestation de foi (en arabe, *chahada*) est le premier pilier de l'islam, qui se compose d'une double attestation, à savoir : « J'atteste qu'il n'y a de dieu que Dieu » et « J'atteste que le Prophète Mohammed est le serviteur et l'Envoyé de Dieu. »

On pourrait penser que la profession de foi est finalement le pilier de l'islam le plus simple à réaliser puisqu'il ne s'agirait que d'une phrase à prononcer et qu'une fois dite, l'affaire serait dans le sac. C'est en réalité tout le contraire. Prononcer cette phrase implique pour les croyantes et les croyants de méditer le sens des mots qu'elle contient, de réfléchir aux responsabilités qu'elle implique et de la répéter continuellement tout au long de leur vie.

La première partie, « J'atteste qu'il n'y a de dieu que Dieu », révèle que la croyante et le croyant s'engagent à accomplir, de façon sincère, les obligations divines et s'engagent également à ne pas transgresser les interdits divins. Ainsi, le maître soufi Abd Al-Qadir Al-Jilani souligne que : « Prononcer la profession de foi ne t'est utile que si tu lui ajoutes autre chose, car la foi est action et parole. Tes paroles ne seront pas acceptées et ne te seront pas utiles si tu apportes des péchés et des désobéissances à Dieu. Si tu abandonnes la prière, le jeûne et l'aumône légale et les œuvres pies, qu'est-ce qui peut être utile pour toi ? Les deux professions de foi ? Si tu dis ainsi : « Il n'y a de dieu que Dieu » c'est de la prétention. On te dira : « Ô, toi qui affirmes ceci as-tu une preuve ? » Quelle est la preuve ?

La preuve est de se soumettre aux commandements, de respecter les interdits, d'endurer les épreuves et de subir la destinée. Aucune parole non suivie d'actes n'est agréée de même qu'aucune œuvre n'est acceptée si elle est dépourvue de sincérité et de conformité à la tradition du prophète de l'islam (15). »

Dans le Coran, Dieu se présente comme étant Celui qui possède : « Les plus beaux noms [et attributs] » et loue le Prophète Mohammed pour ses très hautes qualités morales : « Oui, tu [Mohammed] es d'une moralité [qualité et caractère] la plus éminente (16). » Par l'attestation de foi, musulmanes et musulmans, deviennent des représentants de Dieu sur Terre. En d'autres termes, ils s'inspirent des valeurs divines et prophétiques pour accomplir le sens de la profession de foi dans leur vie quotidienne.

La seconde partie, « J'atteste que le Prophète Mohammed est le serviteur et l'Envoyé de Dieu », révèle que quiconque désire plaire à Dieu, doit s'inspirer de la tradition prophétique comme le stipule ce verset du Coran : « Vous avez dans le Prophète de Dieu le [plus] beau modèle [à suivre] pour [tous] ceux [de vous les humains] qui espèrent en Dieu et au Jour dernier et qui se rappellent fréquemment Dieu (17). »

Dans le monde musulman sunnite, le Prophète Mohammed est considéré comme le guide unique à qui celles et ceux qui cheminent vouent un amour exclusif. Il est le modèle sur lequel musulmanes et musulmans calquent toutes leurs règles de vie, de la plus matérielle à la plus spirituelle (18). Néanmoins, comme l'écrit l'islamologue Éric Geoffroy : « Se conformer à la tradition du Prophète ne se limite pas à une imitation formelle du Prophète, elle consiste bien plutôt à vivre, dans la mesure du possible, ses états intérieurs (19). »

Il est à noter également que, comme l'écrit le théologien Muhammed Hamidullah : « Le Prophète n'est qu'un messager, il est un simple instrument de transmission, un intermédiaire qui reçoit la révélation et la transmet (20). » Sa mission ne consiste qu'à rappeler aux hommes la responsabilité de leurs actes à l'égard de Dieu, sans les réprimer ou les contraindre à se soumettre à Dieu comme indiqué dans ce verset : « [Venant de Dieu, ô Prophète, voici] un Livre descendu vers toi, [un livre] grâce auquel tu avertiras (tu inviteras les hommes à venir vers Dieu), et [qui servira] de rappel aux croyants (21). »

Il m'est déjà arrivé d'entendre dire par certaines personnes musulmanes que, finalement, prière ou pas prière, jeûne ou pas jeûne, celles et ceux qui répèteront la profession de foi iront tôt ou tard au Paradis, citant un propos du Prophète de l'islam, à savoir : « Quiconque dit la profession de foi entrera au Paradis. » Cependant, il est important de contextualiser ses dires et de noter que ses propos ont été tenus au début de la mission prophétique et qu'à ce stade, la pratique des cinq prières quotidiennes, le jeûne du mois de ramadan, l'aumône aux nécessiteux et d'autres lois n'avaient pas encore été révélés au Prophète (22). À cet égard, on interrogea le maître soufi Junayd sur le signe visible de la foi, il répondit : « Ce qui est la marque de la foi, c'est d'obéir à Celui en qui je crois, d'agir selon ce qu'Il aime et qui a Son agrément, d'éviter ce qui distrait de Lui et qui n'a, auprès de Lui, qu'une valeur éphémère, de telle sorte que je me consacre à Lui, que je choisisse ce qui est conforme à Sa volonté et que je m'applique à Le satisfaire (23). » C'est la raison pour laquelle, Abd al-Qadir Al-Jilani stipule que : « Toute l'affaire [d'un être humain] est suspendue aux actes [non à ses paroles] (24). » Le verset du Coran suivant va dans le même sens : « Entrez au Paradis, en [récompense de bonnes actions] que vous faisiez [sur Terre] (25). »

Effectivement, j'aime à dire que connaître Dieu, connaître la tradition du Prophète Mohammed, connaître les fondements de l'islam n'a de sens que si cette connaissance est mise en pratique dans la vie de tous les jours. Il se dit qu'une mère de famille, accompagnée de son enfant, vint voir Nasruddin, l'imam du village. Elle lui dit : « Ô, Nasruddin, je ne sais pas quoi faire avec mon fils. Il aime tellement le chocolat. Chaque fois que je prépare un gâteau au chocolat, il mange tout. Si je tourne le dos, le chocolat dans la cuisine disparaît. Je lui ai demandé à plusieurs reprises de se contrôler. Je lui ai fait la morale et je l'ai même puni, mais rien ne semble marcher. Pourriez-vous m'aider ? » Nasruddin répondit : « Revenez me voir le mois prochain. » La femme rentra chez elle et, le mois suivant, revint avec son fils. Nasruddin se mit à genoux, à hauteur de l'enfant et le regarda droit dans les yeux : « Jeune homme, sois patient et attends que ta mère te donne l'autorisation de manger du chocolat. Sois fort, tu peux réussir à surmonter ton amour pour le chocolat. » Après coup, la mère demanda à l'imam du village : « Nasruddin, j'ai dû marcher pendant des heures pour arriver ici. Pourquoi ne pas lui avoir dit cela le mois dernier ? » Nasruddin répondit : « Non, je n'aurais pas pu lui dire cela le mois dernier. Vous voyez, j'aime tellement le chocolat, et j'ai dû me contrôler pendant un mois avant de pouvoir lui dire honnêtement que c'était possible. » (26)

Enfin, je dirais que la profession de foi est semblable à une déclaration d'amour à Dieu dans laquelle l'accomplissement des cinq prières canoniques serait la preuve absolue, comme le déclare l'Envoyé de Dieu : « La prière est le pilier de la foi. Celui qui s'en détourne fait écrouler sa foi (27). »

LA PRATIQUE DES CINQ PRIÈRES QUOTIDIENNES

Le second pilier est la prière islamique, acte cultuel institué par Dieu et enseigné par le Prophète Mohammed, qui se compose de formes, de règles, de conditions bien précises et qui doit être fait à des moments précis comme l'affirme le Coran : « Certes, la prière est pour les croyants une obligation prescrite à des moments déterminés (28) (29). » Parmi tous les actes d'adoration, la prière, considérée par le Prophète Mohammed comme « la prunelle de ses yeux », représente le symbole de l'adoration à Dieu par excellence. Musulmanes et musulmans doivent accomplir dans un espace de temps, cinq prières, tout au long de la journée et de la nuit en fonction de la position du soleil.

NOM DE LA PRIÈRE	PÉRIODE DE TEMPS POUR ACCOMPLIR LA PRIÈRE	GÉNUFLEXIONS
Prière de l'aube	De l'aube jusqu'au lever du soleil	2
Prière de midi	Lorsque le soleil est au zénith jusqu'au milieu de l'après-midi	4
Prière de l'après-midi	Du milieu de l'après-midi jusqu'au coucher du soleil	4
Prière du soir	Du coucher du soleil jusqu'au crépuscule	3
Prière de la nuit	Du crépuscule jusqu'à l'aube	4

Je me suis déjà interrogé sur le caractère obligatoire des actes cultuels. Après tout, pourquoi devoir accomplir des actes d'adoration à des moments précis et ne pas adorer Dieu quand l'envie nous prend ? En réalité, le caractère obligatoire vient contrecarrer une ruse de l'ego, qui consiste, sous couvert de bonnes excuses, à toujours remettre l'accomplissement des actes d'adoration à plus tard, voire à jamais. Par exemple, si Dieu n'avait pas obligé les fidèles à jeûner le mois de ramadan, combien d'entre eux auraient pris l'initiative de jeûner ce mois dans sa totalité, de manière spontanée, simplement pour plaire à Dieu ? Il n'y a qu'à voir combien de personnes musulmanes jeûnent tout le reste de l'année pour avoir une idée de la réponse. On peut appliquer le même raisonnement aux autres obligations de l'islam, comme la prière.

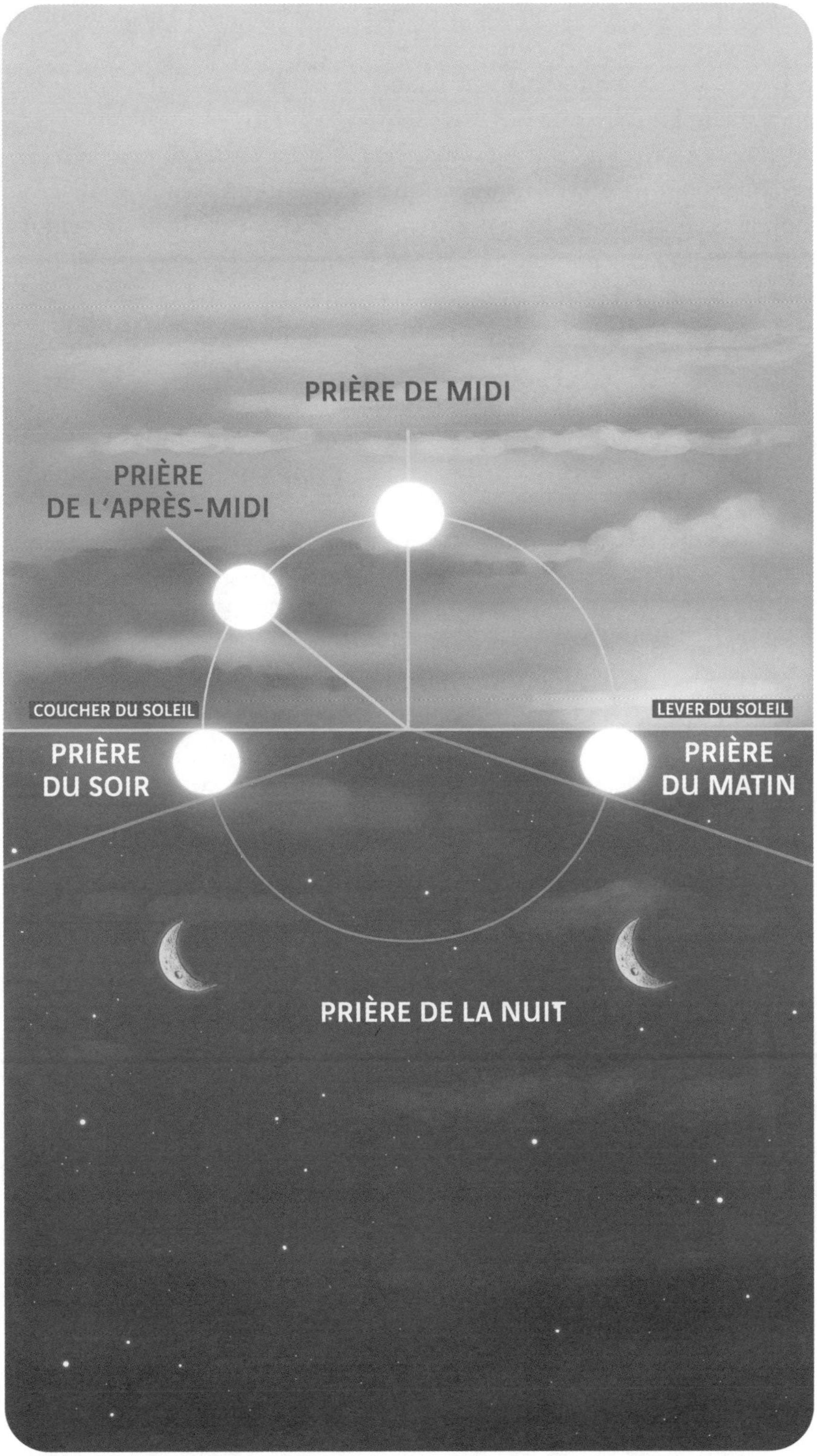
PRIÈRE DE MIDI
PRIÈRE DE L'APRÈS-MIDI
COUCHER DU SOLEIL
LEVER DU SOLEIL
PRIÈRE DU SOIR
PRIÈRE DU MATIN
PRIÈRE DE LA NUIT

Il est évident que chaque fois qu'une personne a envie de prier Dieu, elle doit profiter de cette circonstance et de ce dynamisme intérieur pour aller vers Lui. Cependant, il semble évident que prier uniquement quand on est de bonne humeur est loin d'être suffisant. En fait, l'instant où nous nous sentons le moins en état de prier est souvent celui où nous en avons le plus besoin. Obéir à Dieu en respectant les cinq prières qu'Il a établies pour nous est l'assurance que nous nous souviendrons de Lui dans les bons moments comme dans les moments plus difficiles (30). Bien souvent, l'absence de soucis amène chez l'homme l'oubli de Dieu et de ses responsabilités, comme écrit dans le Coran : « Lorsque nous accordons une faveur à l'homme, il s'éloigne, il s'écarte; lorsqu'un malheur l'atteint, il adresse d'humbles prières (31). »

Le but principal de la prière est de doter l'être humain de la conscience de Dieu : « C'est Moi Dieu; nul n'est Dieu que Moi. Adore-Moi. Accomplis la Prière pour te souvenir de Moi » octroyant à l'être humain de nombreux bienfaits spirituels (32).

En effet, avoir Dieu à l'esprit protège l'être humain des sollicitations diverses de l'ego. Comme on dit « On ne peut être à la fois au four et au moulin », car lorsqu'une personne est sur la voie de Dieu, elle ne peut pas être sur une autre voie à exécuter les choses que l'ego aimerait, comme le souligne cet autre verset : « Récite ce qui t'est révélé du Livre et accomplis la Prière, car la Prière empêche [et détourne] de la turpitude et de ce qui est blâmable (33). »

Ensuite, avoir Dieu à l'esprit permet à l'être humain de penser positivement, de voir le verre à moitié plein plutôt qu'à moitié vide. Lorsque Dieu nous habite, notre vision sur le monde change, tout comme le sens des priorités. L'être humain se détache des choses futiles de ce monde, s'estime heureux de ce qu'il possède déjà et ne trouve plus son bonheur dans l'acquisition de biens matériels, mais dans l'adoration de Dieu. Le Prophète Mohammed préconisa à sa communauté de toujours regarder ceux qui étaient en dessous de nous et de ne pas regarder ceux qui étaient au-dessus de nous, ceci afin de ne pas minimiser les bienfaits de Dieu nous concernant (34). Nous ne pouvons pas empêcher les mauvaises pensées de tourner autour de nous, en revanche nous pouvons les ignorer.

CAFE DE FELIPE
WAAAA... COMME J'AIMERAIS BIEN ÊTRE À SA PLACE
WROOOM!
POMPES FUNÈBRES
POMPES FUNÈBRES
POMPES FUNÈBRES
WAAAA... DIEU MERCI, JE NE SUIS PAS À SA PLACE

Je vous raconte une histoire personnelle. Un jour, alors que j'allais faire des courses au supermarché, une femme se trouvait avec son chien attaché à un poteau devant l'entrée du magasin. Lorsque je passai devant elle, elle me demanda avec une grande courtoisie, si je pouvais lui acheter de la nourriture pour son animal de compagnie. Comme je le disais précédemment, je suis persuadé que penser de manière positive est indispensable pour agir de façon positive. En effet, si une personne voit le verre à moitié plein, elle achètera sans doute quelque chose pour cette personne pour deux raisons.

D'une part, elle est reconnaissante vis-à-vis de Dieu d'être dans sa situation et non dans celle de la personne qui mendie. D'autre part, elle est motivée à l'idée de faire des bonnes actions auprès d'une personne dans le besoin et gagner le paradis. À l'inverse, si une personne voit le verre à moitié vide, elle ignorera sans doute la demande de la personne qui mendie et évitera de la croiser à la sortie du supermarché estimant qu'elle a aussi du mal à finir les fins de mois et que personne ne l'aide non plus. Me concernant, je fus si touché par le souci de cette femme pour son animal de compagnie que je me devais de répondre favorablement à sa demande.

Enfin, avoir Dieu à l'esprit permet au cœur de s'ouvrir et à l'âme de s'élever vers Lui. Le Prophète décrivit la prière comme : « L'ascension spirituelle du croyant », dans le sens où elle offre, comme l'écrit le maître soufi Sharani, « un moment d'intimité spirituelle et de communication directe avec Dieu (35). » En islam, il est dit que la nourriture représente la subsistance du corps humain et que les actes d'adoration représentent la subsistance de l'âme. À cet égard, Sharani affirme que : « La prière offre un havre de paix, un moment extraordinaire, à l'abri des troubles, des distractions, et de l'agitation de ce bas monde (36). » La prière est tellement importante dans la vie des musulmans, qu'elle est considérée comme : « la clé qui ouvre le cœur à la lumière divine, le purifiant, afin qu'Il puisse La réfléchir. Celui qui ne prie pas ne peut pas connaître Dieu », nous dit quant à lui le guide spirituel Khaled Bentounès (37).

De manière générale, la prière doit transformer de façon positive le comportement et le caractère de celle ou celui qui se présente à Dieu plusieurs fois par jour, comme évoqué dans les propos du Prophète Mohammed : « Celui dont la prière ne le détourne pas de la turpitude et du mal ne fait que s'éloigner de Dieu (38). » Je caricature, mais quel est le bénéfice spirituel de se rendre à la mosquée pour prier Dieu, si, durant le trajet en voiture, je jette mon mégot de cigarette par terre quand je suis au feu rouge, je dépasse les limites de vitesse autorisée pour être assuré d'arriver à l'heure et je stationne mon véhicule en trombe, gênant par la même occasion tout le voisinage de la mosquée ? L'accomplissement des actes d'adoration ne doit pas gêner ni nuire aux autres.

QUE DIEU ME PARDONNE ! JE SUIS EN RETARD POUR LA PRIÈRE
DE PRIÈRE
TUFF
BOUCHON DE @#!!?!?%
WROOOOM!
PAS VU, PAS PRIS
PARKING DE LA MOSQUÉE
DAAAAT! DAAAAT!
HAMDOULLAH, JE SUIS ARRIVÉ À TEMPS !

À ce sujet, je pense que nous ne devons pas nous satisfaire du taux de remplissage des mosquées et le prendre comme le principal indicateur de référence de l'état de santé religieux de la communauté musulmane. Je pense au contraire que nous devons évaluer notre degré de spiritualité vis-à-vis de Dieu et notre degré de servitude vis-à-vis des êtres humains pour savoir si nous sommes sur le bon chemin. En effet, posons-nous les bonnes questions et soyons honnêtes dans leurs réponses : Qu'est-ce que Dieu pense de moi? Qu'est-ce que mon conjoint pense de moi? Qu'est-ce que mes enfants pensent de moi? Qu'est-ce que mon voisin pense de moi? Qu'est-ce que mon employeur pense de moi? On rapporte qu'un jour le calife Omar ibn Al-Khattab promulgua le conseil suivant : « Ne juge personne selon le nombre de ses prières ou de jours jeûnés. Juge selon qu'il dise la vérité ou non, s'il garde ce qui lui est confié et respecte la différence entre ce qui est licite et illicite (39). »

J'aime à rappeler qu'en islam, la qualité prévaut sur la quantité, c'est une idée également reprise par le Prophète Mohammed lui-même quand il dit : « Un peu qui dure vaut mieux que beaucoup qui s'interrompt (40). » Nous, musulmanes et musulmans, devons nous interroger sur le rôle que joue la prière dans notre vie et, à défaut, prendre les mesures correctrices.

On relate que, durant le mois de ramadan, le calife Haroun Al-Rachid dit à l'imam Behlül Dâne, l'imam de la grande mosquée de la ville : « Cher Imam, je vous invite ce soir à l'occasion du dîner de la rupture du jeûne, toi et tous les fidèles qui viendront faire la prière du soir à la mosquée. » L'imam accepta l'invitation. Toute la journée, les employés au service du calife se dépêchèrent pour préparer le repas et agencer la plus grande salle de réception du palais, de manière à recevoir les invités dans les meilleures conditions. Une fois la prière du soir terminée, signe de la fin du jeûne, l'imam arriva au palais en compagnie de trois personnes. En voyant le tout petit groupe, le calife s'exclama : « Mais où sont passés les autres? Hormis vous quatre, personne n'est venu prier à la mosquée? » L'imam lui répondit : « Cher Calife, la mosquée était pleine, seulement vous m'avez demandé d'amener les fidèles qui « sont venus prier ». Par conséquent, à la fin de la prière, je me suis positionné près de la porte de sortie de la mosquée et j'ai demandé à chaque personne, avant qu'elle ne quitte les lieux, quelles sourates du Coran j'avais récitées durant la prière en commun. Personne n'a été en mesure de me répondre hormis ces trois fidèles que j'ai donc amenés avec moi. Si vous m'aviez demandé d'amener les personnes qui « sont venues à la mosquée », dans ce cas, je serais venu avec un groupe nettement plus important. »

La prière occupe une place centrale dans la relation à Dieu et pour être acceptée, elle doit remplir des conditions extérieures et intérieures conformément à la tradition du Prophète Mohammed et tout manquement peut remettre en cause son acceptation.
Par exemple, dans le Coran, Dieu dit : « Malheur à ceux qui pratiquent la prière

[hypocritement], qui négligent [et sont paresseux dans] leur Prière, qui se font voir [par ostentation] » pour nous montrer que la prière, même parfaitement exécutée extérieurement, n'a aucune valeur auprès de Dieu si elle est entachée par certaines maladies spirituelles du cœur (41). Le Prophète Mohammed mit en garde la communauté musulmane contre l'hypocrisie en disant que : « Certaines personnes qui prient n'ont comme récompense de la prière que la fatigue (42). » L'hypocrisie est un poison qui peut se dissimuler dans les comportements suivants : prier en public et s'abstenir en privé, prier mécaniquement, sans mettre du cœur à l'ouvrage, ou encore prier puis en tirer une admiration de soi.

Outre l'hypocrisie, la concentration est également un point important pour s'approcher de la présence divine. On relate par exemple que lorsqu'ibn al-Zubair, compagnon du Prophète, priait, des oiseaux se posaient sur son dos pensant que c'était un épouvantail en bois (43). Pour augmenter la concentration dans la prière, le Prophète Mohammed donna ce conseil : « Prie comme si c'était la dernière fois (44). » En d'autres mots, une personne qui s'apprête à prier doit s'imaginer que, juste après avoir terminé sa prière, l'ange de la mort se présentera à elle et que cette prière sera la dernière, car l'ego donne de l'importance à ce qu'il s'apprête à ne plus avoir. Un parallèle intéressant peut être fait avec l'expérience menée par les scientifiques Worchel, Lee et Adewole en 1975, qui consistait à proposer à des gens de prendre un biscuit dans une boîte de biscuits remplie ou de prendre un biscuit dans une boîte de biscuits quasiment vide. L'expérience montra que la plupart des individus choisirent de se servir dans la boîte de biscuits quasiment vide, du fait de ce que les trois scientifiques appellent « l'effet de rareté ». Les gens accordent plus d'importance à une chose qui est rare. Si l'on ajoute un sentiment d'urgence à cela, les gens souhaiteront davantage cette chose, conscients que, sur le très court terme, ils ne seront plus en mesure de le posséder (45).

Depuis ma conversion, je n'ai jamais abandonné la prière. Elle m'a appris la ponctualité, elle donne un cadre à ma vie et elle me donne la force intérieure dans les moments difficiles. En somme, elle fait partie intégrante de ma vie et je ne peux que confirmer les propos d'Irfan Öztürk : « Le jour de la rentrée, les petits enfants généralement pleurent pour ne pas aller à l'école. Mais quand ils s'habituent, ils ne peuvent plus s'en passer (46). » Il ne fait aucun doute que celle ou celui qui prend soin de sa prière en tirera un grand bienfait spirituel qui l'encouragera à accomplir davantage d'actes de dévotion et de faire davantage pour servir l'humanité. *A contrario*, celle ou celui qui prie avec insouciance, sans comprendre le but de la prière rituelle, sa pratique en deviendra rapidement une corvée et son abandon imminent.

Enfin, durant toute sa vie, le Prophète Mohammed se soucia de l'unité de sa communauté et des sentiments d'amour qui devaient l'animer. Sans relâche, il encouragea ses fidèles à s'aimer et à s'entraider en vue d'obtenir la satisfaction de Dieu (47). D'ailleurs, à l'époque, sa maison était collée à la mosquée de Médine. Depuis sa chambre, lorsqu'il était sur son lit de mort, rongé par la maladie, l'image des musulmans réunis en prière fut la dernière image que le Prophète vit de sa communauté et la dernière provision dont il se chargea pour son voyage le menant de ce bas monde vers l'enceinte de Dieu. Le Prophète voulut, en vivant les derniers instants de sa vie, s'approvisionner d'une dernière image de ses compagnons afin d'être assuré qu'il les laissait sur le chemin de la vérité et de la guidance, où il les avait guidés. Dieu les lui montra alors dans une position agréable à son âme, rafraîchissante à ses yeux, si bien que cette image lui fit oublier les souffrances de l'agonie, qui habitaient son corps.

Le Prophète de l'islam s'en trouva fortifié et son visage s'illumina de joie et de satisfaction, au point que les compagnons imaginèrent qu'il était redevenu triomphant de ses douleurs et qu'il était guéri de ses maux (48).

LE JEÛNE DU MOIS DE RAMADAN

Ramadan est le nom donné au neuvième mois du calendrier hégirien qui, en fonction des années, dure vingt-neuf ou trente jours durant lesquels, musulmanes et musulmans jeûnent, c'est-à-dire qu'ils ne peuvent ni manger, ni boire, ni avoir des relations sexuelles du crépuscule au coucher du soleil, comme évoqué dans le verset coranique : « Ô croyants! Le jeûne vous est prescrit, de même qu'il a été prescrit à ceux qui vous ont précédés. Craignez le Seigneur. Le jeûne ne durera qu'un nombre de jours déterminé. Mais celui qui est malade ou en voyage (et qui n'aura pas pu accomplir le jeûne dans le temps prescrit) jeûnera dans la suite un nombre de jours égal. Ceux qui, pouvant supporter le jeûne, le rompront donneront à titre d'expiation la nourriture à un pauvre (49). »

Il faut savoir que les différentes formes d'adoration en islam ont pour but de guérir les différentes sortes de maladies spirituelles. Ces maladies augmentent particulièrement quand les temps sont aisés et prospères. Dans les premiers temps de l'islam, durant la période mecquoise, les musulmans n'avaient aucune possibilité de privilégier ce bas monde et les biens matériels parce que la lutte pour survivre, dans les conditions difficiles qui étaient les leurs, les occupait constamment. Cependant, après avoir émigré à Médine, leur situation financière s'améliora et ils se trouvèrent à l'abri des persécutions que leur faisaient subir les polythéistes de la Mecque. Afin de prévenir les musulmans du mal provenant des abus de la richesse et des excès des plaisirs mondains, il y avait besoin d'un moyen pour restreindre l'utilisation des biens matériels.

C'est au cours de cette période que le jeûne fut prescrit. Au-delà de la privation d'aliments, le jeûne avait pour but de préserver la santé spirituelle des croyants. En fait, le jeûne agit comme un médicament qui soigne les maladies de nature physiologique et spirituelle. Ainsi, semblable à une posologie, le jeûne a été prescrit pour un nombre limité de jours et non pas pour une année. Si certains médicaments sont utilisés toute l'année en cas de pathologie grave, le système immunitaire du corps humain s'y habitue et ne permet plus à l'utilisateur d'en bénéficier de manière suffisante (50). De même, le jeûne doit être accompli à des moments déterminés. Vouloir jeûner continuellement ne contribue pas à la guérison des maladies, qui plus est, cela peut affaiblir l'organisme au point de rendre difficile l'accomplissement des prescriptions islamiques. C'est également la raison pour laquelle le Prophète de l'islam avait toujours refusé catégoriquement que ses compagnons jeûnent de façon quotidienne.

HORS PÉRIODE DE RAMADAN - 17H30

PENDANT LE RAMADAN - 17H30
PROMOTION
CORAN - 80 %
PROMOTION
DATTES - 40%
FORFAIT RAMADAN
DISCOUNT

Le jeûne (en arabe, *saoum*) se traduit littéralement par « l'abstention ». Le mois du ramadan est le mois durant lequel les musulmans s'abstiennent. On notera que cette abstention est double, puisqu'elle concerne à la fois l'abstinence extérieure, à savoir ne pas manger, boire, avoir des relations sexuelles, et l'abstinence intérieure comme ne pas calomnier, insulter autrui, médire, mentir, se mettre en colère. À cet égard, le Prophète Mohammed dit : « Quand tu jeûnes, que ton ouïe, ton regard, ta langue et ta main jeûnent avec toi (51) » et Ali ibn Abi Talib, quatrième calife de l'islam, dit : « Le jeûne ne consiste pas à s'abstenir de manger et de boire. Le jeûne, c'est de s'abstenir de tout ce que Dieu déteste (52). »

Dieu aime particulièrement le jeûne, car c'est un acte d'adoration caché de la connaissance et du regard des autres, comme l'écrit ibn Arabi : « Si le jeûne apparaît comme le symbole et le moyen par excellence de la voie soufie, c'est aussi parce qu'il est secret; il ne comporte aucune manifestation extérieure et demeure intérieur au sens littéral et plénier du terme (53). » Effectivement, Dieu attend de l'homme un culte exclusif, sincère, exempt de la présence de l'ego, comme le relatent ces versets du Coran : « La révélation du Coran vient de Dieu Puissant et Sage. Nous t'avons envoyé le livre en toute vérité. Adore donc Dieu, et sois sincère dans ton culte. Un culte sincère n'est-il pas dû à Dieu ? » ou bien « Votre Dieu est un Dieu unique. Celui qui espère rencontrer le Seigneur, qu'il travaille bien [utile à lui, à la société humaine et pour la cause de Dieu] et qu'il n'associe personne à l'adoration de son Seigneur. » (54)

Malheureusement, le mois de ramadan révèle aussi une certaine incompréhension dans les agissements de la communauté musulmane puisque durant ce mois, musulmanes et musulmans deviennent enthousiastes à l'idée de se rapprocher de Dieu, s'abstiennent d'accomplir des choses néfastes en raison des interdits du jeûne. Cependant, une fois le mois terminé, le naturel revient au galop et les bonnes habitudes sont délaissées.

Sans doute que le rôle spirituel du jeûne n'est pas compris ou échappe à certains musulmans. En réalité, le jeûne, observé durant le mois de ramadan (ou de manière surérogatoire d'autres jours de l'année), ne vise pas qu'à se priver de manger, de boire, d'avoir des relations sexuelles, etc. Il vise à effectuer un travail intérieur, en d'autres termes, à fragiliser l'emprise de l'ego en bouleversant ses habitudes, car l'ego se comporte comme un tyran, individualiste et impatient, qui exige du cœur qu'il exécute ses ordres sans montrer le moindre désaccord (55). Le jeûne donne l'occasion de remettre de l'ordre intérieurement en donnant moins d'importance aux différentes demandes de l'ego telles que « j'ai envie », « je veux », « j'ai besoin », mais, au contraire, développer une plus grande sensibilité vis-à-vis de Dieu : « Qu'est-ce que Dieu attend de moi ? », puis vis-à-vis des autres : « Comment puis-je être utile et aider les autres ? »

Le psychologue Robert Frager recommande donc d'utiliser le jeûne pour apprendre à faire face aux caprices de l'ego : « Le jeûne est un excellent moyen d'apprendre à combattre les demandes égotiques. Lorsque nous refusons la demande initiale, la demande cesse. La gestion des demandes [hors période de jeûne] devient alors un exercice de volonté relativement simple (56). » Lors du jeûne, par exemple lorsque l'ego veut boire, on lui répondra : « Non, je ne boirai pas, même pas une goutte, aujourd'hui je jeûne, tu n'as qu'à attendre ce soir pour boire ». Quand il désire manger, on lui rétorquera : « Certaines personnes dans le monde ne mangent pas à leur faim alors que toi, tu as déjà mangé avant le lever du soleil et tu mangeras encore après le coucher du soleil, contente-toi de cela. » Hors période du jeûne, lorsque l'ego désire changer de voiture pour une autre toute neuve par exemple, on lui répondra : « Non, celle que nous avons actuellement fonctionne parfaitement, tu n'as qu'à attendre que le compteur affiche un kilométrage plus important et de cette manière nous économiserons la dépense. »

Le jeûne contrarie doublement l'ego. D'une part, comme nous venons de le voir, ses habitudes sont bouleversées et d'autre part, il est affaibli physiquement. Comme le souligne le Dr Razeen Mahroof, consultant en anesthésie et médecine de soins intensifs à l'hôpital Addenbrooke (Cambridge, Grande-Bretagne) : «Techniquement parlant, le corps n'entre dans un état de jeûne que huit heures environ après la prise du dernier repas. C'est à peu près à ce moment que les intestins finissent d'absorber les nutriments contenus dans les aliments. Peu de temps après, le corps se tourne vers le glucose stocké dans le foie et les muscles. Le but : continuer à fournir de l'énergie. Une fois les réserves de glucose épuisées, pendant que le jeûneur continue à jeûner, la graisse devient la prochaine source d'énergie de l'organisme. Lorsque le corps commence à brûler les graisses, cela aide à perdre du poids, à réduire le taux de cholestérol et enfin à diminuer le risque de diabète. La baisse du taux de sucre dans le sang va également entraîner une faiblesse et un état léthargique. Les conséquences possibles peuvent être des maux de tête, des étourdissements, des nausées et une mauvaise haleine (57). »

Gêné par ces deux difficultés, l'ego, en fonction de l'éducation intérieure qu'il aura reçue par le passé, révèlera son vrai visage à travers d'éventuelles sautes d'humeur. C'est la raison pour laquelle, durant le mois de ramadan, malheureusement certaines personnes musulmanes observant le jeûne peuvent devenir agressives, colériques ou grincheuses envers autrui pendant quelques jours, le temps que l'ego s'habitue à sa nouvelle routine.

Je vous raconte une autre histoire personnelle. Une personne de ma famille travaillant dans la logistique m'appela un soir pour me dire qu'elle était au courant que le mois de ramadan était sur le point de débuter. À la fin du travail, une collaboratrice lui avait dit : « Demain, c'est le mois de ramadan qui commence alors tu fais attention à ne pas trop me déranger, car je vais être énervée. »

Il est bon de rappeler que de ce genre de comportement, colérique et grincheux, est contraire au comportement prophétique. Comme évoqué précédemment, le manque de spiritualité ne permet pas à la personne de percevoir tous les bienfaits que le mois de ramadan contient et donc elle n'y voit finalement qu'un mois de contraintes. Il faut savoir que personne ne force quiconque à jeûner et que des gens non croyants ou non musulmans n'ont absolument pas à pâtir des faiblesses spirituelles de certains « religieux ». Le Prophète Mohammed était très enthousiaste de voir le mois du jeûne s'approcher. Deux mois avant sa venue, il avait l'habitude d'invoquer Dieu en ces termes : « Ô Allah ! Bénis-nous les mois de Rajab et de Chaabane [les deux mois qui précèdent le mois du jeûne obligatoire] et fais-nous parvenir au mois du ramadan ! », suppliant Dieu de lui permettre de vivre jusqu'au mois de ramadan afin d'être compté parmi celles et ceux qui observent le jeûne (58). Le Prophète Mohammed dit également que le mauvais comportement ne rapporte aucune récompense divine et que ce n'est pas parce qu'une personne jeûne, que son jeûne est accepté de Dieu, comme le souligne le propos prophétique suivant : « Certains ne retirent de leur jeûne que la faim et la soif (59). » En revanche, le mois de ramadan est l'occasion de développer sa spiritualité. Le Prophète de l'islam suggéra certaines actions pour en bénéficier pleinement comme : « Réitérer la profession de foi, implorer le pardon de Dieu, accomplir de bonnes œuvres, s'abstenir de ce qui est interdit, distribuer généreusement ses biens en aumônes et rendre heureux les cœurs brisés (60). »

Chacun est libre de s'interroger sur la relation qu'il entretient avec le mois du jeûne. Est-ce que pour vous les mois de ramadan se suivent et se ressemblent ou bien ils se suivent et ne se ressemblent pas ? Albert Einstein dit une chose pleine de sens : « La folie, c'est de faire toujours la même chose et de s'attendre à un résultat différent. » Comment comptons-nous améliorer notre spiritualité durant le mois de ramadan si nous l'abordons chaque année de la même façon ? Comment comptons-nous améliorer notre relation avec Dieu si nous ne faisons rien pour nous réformer le reste de l'année ? Nous devons faire un effort pour comprendre comment notre corps et notre âme fonctionnent afin de relever les défis spirituels de ce mois béni et, surtout, de poursuivre les actes d'adoration et les bonnes actions le reste de l'année (61). Sans conteste, le jeûne du mois de ramadan offre une immense occasion de former de nouvelles habitudes et de partir sur de nouvelles bases, en fonction des priorités des uns et des autres.

RAMADAN J-2
RAMADAN 1ER JOUR
RAMADAN DERNIER JOUR
PRIÈRE DE L'AÏD
BONNES FÊTES
À L'ANNÉE PROCHAINE
BESOIN D'UN BREAK, 1 MOIS D'EFFORT 3 MOIS DE RÉCONFORT
J'AI DÉCIDÉ DE CHANGER
UN JOUR APRÈS LA FÊTE DE L'AÏD
DIEU MERCI, AU MOINS UN QUI REVIENT

Le mois de ramadan représente aussi une dimension sociale importante. J'aime à rappeler que le Prophète de l'islam se souciait continuellement des pauvres au point de formuler cette supplication à Dieu : « Ô Dieu, fais-moi vivre pauvre, fais-moi mourir pauvre et ressuscite-moi le Jour du jugement dans le groupe des pauvres (62). » J'aime énormément l'initiative des mosquées qui servent gratuitement des repas lors de la rupture du jeûne aux personnes croyantes comme non croyantes, peu importe les classes sociales. Cette pratique s'inspire de la tradition prophétique dans laquelle il recommanda d'offrir, selon ses propres moyens, une datte, du lait, de l'eau ou bien un repas complet à celle ou celui qui jeûne et ajouta que : « Quiconque donne à un jeûneur de quoi rompre le jeûne recevra la même récompense que le jeûneur sans que celui-ci soit lésé de la sienne (63). » Lorsque le moment de rompre le jeûne est venu, l'âme est doublement heureuse de ce qu'elle vient d'accomplir, car elle réalise que par cet effort, elle vient de gagner une manche contre son ego et qu'elle sera récompensée par Dieu, comme le souligne le Prophète Mohammed en disant : « Il y a pour le jeûneur deux joies : une joie lorsqu'il rompt son jeûne et une joie lorsqu'il rencontre son Seigneur (64). » La fraternité, la générosité, le partage, le souci de l'autre sont des valeurs associées au mois du ramadan et il est du devoir des musulmanes et des musulmans de perpétrer l'exemple prophétique. Après le repas de rupture du jeûne et une fois la nuit noire tombée, musulmanes et musulmans sont encouragés à invoquer et prier Dieu à la mosquée, pour effectuer « la prière du repos » (en arabe, *salat al-tarawih*). Cette prière est une prière surérogatoire faite en commun, au cours de laquelle, en règle générale, progressivement, la totalité du Coran est récitée au fil du mois. J'en profite pour rappeler un principe fondamental de la religion islamique, à savoir que : « L'islam ne permet pas qu'on dérange ou qu'on ennuie les autres. Le musulman ne doit jamais agir d'une façon qui dérange les autres (65). » Par conséquent, il est du devoir des musulmans de ne pas gêner nos compatriotes non croyants, non musulmans et musulmans avec des incivilités comme le stationnement de son véhicule ou encore les discussions théologiques ou mondaines, à l'extérieur de la mosquée, une fois la prière terminée, susceptibles de gêner la tranquillité du voisinage. Le respect dû aux autres est une priorité, comme mentionné par le Prophète lui-même quand il dit : « Quiconque croit en Dieu doit être respectueux envers son voisin (66). » Je rappelle que croire en Dieu ne donne aucun passe-droit dans la société, bien au contraire, cela implique de très lourdes responsabilités vis-à-vis de Dieu et des êtres humains.

Enfin, je conclus cette partie sur le jeûne du mois de ramadan avec une dernière petite histoire. Lors de mes études supérieures, je formais un groupe de travail avec plusieurs élèves à la bibliothèque. Après avoir effectué un travail studieux, certains s'accordèrent un petit temps de répit en commençant à parler de tout et de rien au tour de la table. Dans la discussion, une fille interrogea une autre à propos de sa situation amoureuse : « Alors, Nathalie, comment ça va avec ton chéri ? » La jeune femme dit : « Pffff, avec Mehmet, ça ne va pas fort en ce moment, car il est très tendu. C'est le mois du ramadan et il doit s'abstenir sexuellement pendant tout le mois. Vivement la fin de ce truc, car notre relation devient de plus en plus électrique. » J'insiste, chaque être humain (croyant ou non) est libre de vivre la vie qu'il désire. D'ailleurs, j'ai gardé le silence lors de cette conversation qui eut lieu devant moi. Malgré tout, j'aimerais souligner deux choses. Premièrement, le jeûne s'étend du crépuscule jusqu'au coucher du soleil. Une fois le moment de rompre le jeûne venu, c'est-à-dire à partir du coucher du soleil, la musulmane et le musulman peuvent reprendre une vie normale, à savoir manger, boire ou avoir des relations intimes jusqu'au crépuscule du jour suivant. Deuxièmement, les relations sexuelles en dehors du mariage ne sont pas permises en islam que ce soit durant le mois de ramadan ou tout le reste de l'année, tant pour les hommes que pour les femmes. À nouveau, chacun est libre de vivre sa vie comme bon lui semble, simplement, je pense que lorsqu'une personne musulmane enfreint cette loi divine, il me semble honnête qu'elle précise dans son couple que ni Dieu, ni Son Prophète, ni l'islam n'autorisent cela. Elle devrait faire preuve d'honnêteté et avouer que, pour le moment, il lui est difficile de se soumettre à cette exigence divine, d'où cette transgression, et que cette attitude est contraire avec les valeurs de l'islam. J'aime à rappeler que nous, musulmanes et musulmans, envoyons des messages sur notre religion à travers notre comportement ou nos propos aux gens autour de nous. Il serait regrettable que des personnes non croyantes ou non musulmanes, en nous voyant agir de façon contraire aux principes islamiques, pensent que nous agissons de la sorte, car Dieu et son Prophète permettent aux musulmans de ne pas respecter le droit des personnes non musulmanes ; et que par conséquent ces personnes non croyantes ou non musulmanes conceptualisent la religion de l'islam avec ces idées reçues totalement fausses et le prennent en grippe !

LA CHARITÉ

Quatrième pilier de l'islam, l'aumône sur les biens (en arabe, *zakat al-mal*) est une aumône obligatoire qui a pour but de venir en aide aux nécessiteux et de développer l'entraide collective. Cette aumône possède un caractère obligatoire pour les musulmanes et musulmans qui ont acquis un surplus de richesse et sont en sa possession durant une année lunaire.

Rien de plus naturel que de remercier Dieu, Celui à qui nous devons tout, en prélevant une fois par an, un taux de 2,5 % sur notre richesse (épargne, métaux précieux) et de le donner aux personnes musulmanes qui ne possèdent peu ou pas grand-chose. En effet, cette aumône symbolise, comme le dit Khaled Bentounès : « la reconnaissance qu'un croyant éprouve pour Dieu qui Lui a donné la vie, la santé et la possibilité de jouir des bienfaits dans la vie. Ce n'est ni de la charité, ni un don, mais un devoir, une obligation.

La zakat est une des pratiques les plus exigeantes, car elle touche un point sensible de l'être humain. L'attitude d'un homme face à l'argent est toujours très révélatrice du degré de sa foi (67). » À ce sujet, on relate qu'un homme se présenta auprès d'un maître spirituel pour devenir son disciple. Une fois face au maître, l'homme lui demanda : « Je souhaiterais rentrer dans la voie soufie et apprendre la science intérieure. » Le maître répondit : « Très bien, puis-je savoir comment tu gagnes ta vie ? » Ce qui m'interpelle, c'est que le maître ne posa aucune question relative à la pratique des actes d'adoration (jeûnes surérogatoires, prières nocturnes, etc.), mais s'intéressa au comportement de l'homme vis-à-vis de l'argent. En effet, ce rapport est un élément révélateur de l'attachement au monde, de la compassion vis-à-vis des autres ou de l'honnêteté d'une personne. D'ailleurs, on rapporte que le Prophète parla un jour d'un homme débraillé, poussiéreux, ayant voyagé sur de longues distances, et qui lève les mains au ciel pour demander une chose à Dieu alors que ce qu'il mange est illicite, ce qu'il boit est illicite, que les vêtements qu'il porte sont acquis de façon illicite, que ses moyens d'existence sont illicites. Comment pourrait-il être exaucé (68) ? »

Dieu sait que faire preuve d'altruisme, en particulier quand cela concerne l'argent, est une chose complexe pour l'ego qui attend constamment quelque chose en retour. C'est la raison pour laquelle, dans le Coran, Dieu veut rassurer les croyantes et les croyants, en leur promettant une récompense encore plus grande : « Ils recevront deux fois leur récompense pour avoir été endurants [dans leur sincère croyance en Dieu] ; ils repoussent le mal par le bien, dépensent [sur Notre chemin] de ce que Nous leur avons donné (69). »

En islam, rien de ce bas monde ne doit faire l'objet d'un plus grand attachement que celui pour Dieu. Par conséquent, pour se rapprocher de Dieu, l'homme doit sacrifier ce que l'ego aime le plus, comme écrit dans ce verset : « Vous ne pouvez prétendre à la vertu à moins de dépenser de ce que vous aimez. Et ce que vous dépensez, Dieu le sait sûrement (70). » En faisant acte de charité, que l'on pourrait traduire par le soutien matériel aux pauvres et aux défavorisés, les musulmanes et musulmans démontrent qu'ils donnent préférence à Dieu au détriment de leur ego. Il se dit qu'à l'époque du calife Omeyyade Omar ibn Abdul-Aziz les gouverneurs ne trouvaient pas assez de gens pauvres pour que les aumônes collectées des musulmans soient réparties. Ils demandèrent donc au calife ce qu'ils devaient faire de ces aumônes, sachant que chaque riche avait payé la somme exacte qu'il devait (71). À propos de ces personnes bienveillantes, que Dieu leur fasse miséricorde, Il dit : « Ceux qui croient [en Dieu] et travaillent bien [utile à eux-mêmes, à la société humaine et pour la cause de Dieu] Nous les installerons dans le Paradis dans des chambres élevées sous lesquelles coulent les rivières [de félicités, ils] y vivront éternellement. Quelle agréable récompense pour les pratiquants [sincères] (72) ! »

En plus de contribuer à un monde plus solidaire, tout ce qui est dépensé dans la voie de Dieu sera regagné sous diverses formes ici-bas et dans l'au-delà. En effet, celle ou celui qui s'acquitte de ce droit voit ses péchés pardonnés, son degré auprès de Dieu s'élever, le compte de ses bonnes actions multiplié. La charité établit une entraide et permet de bâtir des ponts entre les classes sociales. En effet, les privilégiés n'oublient pas que les démunis ont, du fait de la Loi de Dieu, un droit sur leurs biens (73).

Outre l'aumône obligatoire sur les biens que nous venons d'évoquer, il existe un autre type d'aumône volontaire et non obligatoire (en arabe, *sadaqa*) qui représente toute œuvre de bien, au sens large du terme, faite auprès de n'importe qui (musulmans ou non musulmans), à n'importe quel moment, sous de nombreuses formes.

Voici une autre anecdote. Je venais d'emménager dans notre nouvel appartement et après quelques mois d'occupation, je sentais mon voisin de palier relativement froid et, selon les dires d'autres voisins, médisant à mon égard. Pourtant, lorsque j'avais l'occasion de le croiser à l'intérieur ou à l'extérieur de la résidence, je n'hésitais jamais à lui dire bonjour ou bonsoir. De plus, à l'approche des fêtes de fin d'année, il est dans mon habitude de sonner à la porte de chacun de mes voisins de palier pour leur souhaiter de passer de bonnes fêtes et pour leur offrir des gâteaux de Noël alsaciens (*bredele*) ainsi que des jouets s'ils ont des enfants. Je profite également de cette conversation pour demander si ma famille et moi ne les gênons pas, si nous ne faisons pas de bruit, auquel cas, qu'ils n'hésitent pas à m'en informer. Je leur dis que cette attention de ma part ne demande aucun retour, ma démarche est faite de bon cœur dans l'objectif de vivre entre voisins dans la paix et dans le respect des autres. Je fis donc la même chose avec tous mes voisins de palier dans notre nouvel immeuble lors de la période de Noël. Quelques semaines après les fêtes de fin d'année, alors que je rentrais du travail, je découvre mon voisin de palier qui ne m'apprécie pas trop, assis par terre, l'air dépité et en détresse. Je le saluai et lui demandai : « Bonjour, Monsieur Dupont, est-ce que tout va bien pour vous ? » Il répondit : « Il y a de la colle glue dans ma serrure et je ne peux pas ouvrir ma porte. J'ai contacté le serrurier, il passe dès qu'il peut, donc j'attends. » Je rentrai chez moi pour lui proposer un verre d'eau puis je restai non loin de lui pour lui tenir compagnie. Après avoir bu, il me regarda et me dit : « Je me suis trompé à votre égard. À Noël, vous m'offrez des gâteaux et aujourd'hui, vous me donnez à boire. » Je lui répondis : « Ce n'est rien du tout, Monsieur Dupont, j'ai l'habitude des préjugés. » On discuta quelques minutes de son métier, de ses projets jusqu'au moment où la porte de l'ascenseur s'ouvre pour laisser le serrurier pointer le bout de son nez et notre relation changea dès ce moment-là.

Dans la mosquée que je fréquente, je propose aux adolescents d'échanger sur des sujets liant l'actualité et la pratique de la foi. Un jour, le thème de l'intervention portait sur le bon comportement. Je demandais au groupe d'adolescents : « Comment gagner des bonnes actions ? » Une personne répondit immédiatement : « En faisant la prière et en lisant le Coran. » C'est étonnant, mais, dans l'imaginaire de certains, les musulmans ne gagnent des bonnes actions que lorsqu'ils accomplissent des actes d'adoration. C'est bien entendu inexact, car Dieu nous permet de gagner des bonnes actions du matin au soir, en fait, il suffit de le vouloir et d'ouvrir les yeux. Croiser un inconnu dans la rue et lui dire « bonjour », même si ce dernier ne répond pas, Dieu a connaissance de l'intention et la récompense. Ramasser une bouteille en plastique abandonnée dans la nature et la jeter dans un conteneur pour déchets en plastique, Dieu prend note de l'action et la récompense, car prendre soin de la Terre, c'est prendre soin de la création de Dieu. De manière générale, les possibilités de faire le bien sont illimitées. En voici une liste non complète : acheter un sandwich pour une personne sans domicile fixe, appeler au téléphone une personne pour prendre de ses nouvelles, conseiller quelqu'un de façon utile, donner un coup de main à une personne qui porte une lourde charge, écarter de la voie publique un objet pouvant nuire à autrui, laisser sa place dans les transports en commun, nourrir ou donner à boire à un animal, offrir de son temps pour une cause utile, participer aux tâches ménagères, planter un arbre, prendre son enfant dans ses bras, ramasser la clé d'une personne qui l'a maladroitement fait tomber, renseigner une personne qui a perdu son itinéraire, saluer un passant dans la rue, sourire à son voisin, tenir la porte à quelqu'un… Finalement, la règle est très simple, puisque n'importe quelle œuvre de bien, petite – moyenne – grande, visant l'humanité ou la Terre (et ses règnes minéral, végétal et animal) est récompensée par Dieu, à condition qu'elle soit faite sincèrement pour Lui et personne ne peut juger la sincérité de l'action d'autrui hormis Dieu Lui-même, conformément au verset disant : « Il connaît les secrets des cieux et de la Terre ; Il connaît ce que les cœurs recèlent (74). »

Au sujet de la sincérité, les commentateurs du Coran disent à propos de ce verset : « Faites-vous l'aumône au grand jour ? c'est louable ; la faites-vous secrètement et secourez-vous les pauvres ? cela sera plus méritoire. Une telle conduite fera effacer vos péchés. Dieu est instruit de ce que vous faites » que les aumônes présentant un caractère obligatoire (*zakat al-mal*) doivent être données publiquement dans l'objectif d'encourager les autres à agir de la même manière, alors que les aumônes présentant un caractère surérogatoire (*sadaqa*) doivent être données secrètement (75).

Concernant les actions surérogatoires, il faut savoir que les pieux prédécesseurs préféraient la discrétion à l'exubérance par peur de se voir refuser certains actes d'adoration. L'un d'entre eux dit : « Si tu ne peux pas cacher ton aumône à ta propre âme, cache-toi au moins dans l'aumône de telle sorte que le bénéficiaire ne sache pas que c'est toi le donateur. »

Pour éviter la duplicité et l'ostentation, on raconte par exemple qu'un ascète déposa des pièces à l'endroit où un nécessiteux avait l'habitude de s'asseoir de façon qu'il voie les pièces sans qu'il en connaisse la provenance. Un autre encore n'hésita pas à mettre un sou dans le vêtement d'un pauvre durant son sommeil de sorte qu'il ne sache pas qui l'avait mis là (76).

Il se dit aussi que dans un village, vivaient un boulanger, un boucher et un homme fortuné. Chaque jour, le boulanger passait dans chaque maison pour distribuer du pain à chaque famille. Le boucher faisait de même en passant dans chaque maison pour distribuer da la viande. Quant à l'homme fortuné, personne ne l'avait vu aider autrui. Un jour, il tomba malade. Aucun des villageois n'alla lui rendre visite. Son état de santé se détériora de jour en jour. Personne ne vint prendre de ses nouvelles et il finit par succomber à sa maladie. Il fut enterré uniquement par les membres de sa famille. Les villageois refusèrent d'assister aux funérailles, pensant l'homme avare. Le lendemain du décès de l'homme fortuné, ni le boucher ni le boulanger ne firent leur distribution de denrées alimentaires comme à l'accoutumée. Étant donné que la situation se répétait jour après jour, les villageois allèrent se plaindre auprès du boulanger et du boucher de ne recevoir ni pain ni viande comme cela avait été le cas quotidiennement par le passé. Le boulanger et le boucher révélèrent aux personnes présentes que c'était l'homme fortuné qui achetait le pain et la viande afin qu'ils soient distribués aux gens, à condition qu'aucun des habitants n'en soit informé. L'homme fortuné n'étant plus de ce monde, le boucher et le boulanger ne recevaient plus d'argent de sa part et n'étaient donc plus en mesure de poursuivre la distribution. L'histoire nous montre que l'homme fortuné préféra donner à l'abri du regard et de la connaissance des villageois. En effet, il est plus probable que l'aumône faite en secret soit sincère, la sincérité étant l'esprit des œuvres et dépourvue d'ostentation qui, elle, ruine au contraire les œuvres (77). Un propos prophétique stipule ainsi également que la récompense divine pour une action faite en secret est soixante-dix fois supérieure à celle d'une aumône donnée à la vue des gens (78).

Peu importe la nature de l'aumône, qu'elle soit obligatoire ou surérogatoire, celui qui donne ne doit pas se considérer comme bienfaiteur des pauvres ni comme leur donateur ; car, s'il réfléchit bien, il verra que c'est le pauvre qui est son bienfaiteur. En effet, en acceptant son aumône, le pauvre permet au donateur de l'aumône de se purifier et de gagner des bonnes actions auprès de Dieu (79). C'est la raison pour laquelle le Prophète Mohammed dit : « Le demandeur de l'aumône est le cadeau de Dieu pour Son serviteur (80). »

Voici une anecdote qui m'est arrivée. Je me rendis à la mosquée pour y faire la prière de la nuit (en arabe, salat al-icha). Une fois la prière terminée, une personne se positionna à côté de la porte de sortie et demanda une aide financière aux fidèles sur le point de sortir. Elle tenait un sac en plastique dans les mains et attendait, tête baissée, que les fidèles déposent de l'argent dans son sac. Étant un des derniers à quitter les lieux, je lui demandai sous le ton de l'humour, après l'avoir saluée et avoir créé un premier contact propice à une conversation, si les fidèles avaient été généreux. L'homme regarda dans son sac puis me le montra. Le sac ne contenait que quelques pièces, dont beaucoup de pièces de cuivre de un, deux et cinq centimes d'euro. Comme l'écrit Abd Al-Hakim Chergui : « Quelle valeur ont les quelques pièces précipitamment jetées dans la gamelle du misérable juste pour qu'il s'écarte de notre chemin (81) ? » Imaginez que demain, vous vous retrouviez à la rue et que vous soyez contraint de mendier. Comment aimeriez-vous qu'on vous regarde, qu'on vous parle, qu'on vous traite ? L'empathie est fondamentale en l'islam. Il est important de toujours considérer les autres comme nous aimerions qu'ils nous considèrent, et cela dans n'importe quelle situation, comme évoqué dans ce verset : « Ô vous qui croyez ! Faites l'aumône des bonnes choses que vous avez acquises et de ce que, pour vous, Nous avons fait sortir de la terre. Ne choisissez pas ce qui est de mauvaise qualité pour en faire l'aumône, alors que vous ne l'accepteriez pour vous-mêmes qu'en fermant les yeux (82). »

LE PÈLERINAGE À LA MECQUE

Dernier pilier de l'islam, le pèlerinage à la Mecque (en arabe, hadj) est une obligation que les musulmanes et musulmans doivent accomplir au moins une fois au cours de leur vie s'ils sont physiquement et financièrement aptes à le faire, comme évoqué dans le verset coranique suivant : « C'est un devoir envers Dieu, pour tous les hommes qui en ont les moyens, de faire le pèlerinage à la Maison sacrée (83). »

La visite des lieux saints de l'islam a lieu lors du douzième mois du calendrier hégirien, durant le mois de Zoul Hidja, et toute personne qui désire entreprendre ce voyage doit veiller à deux choses. Malgré le prix du voyage qui ne cesse de grimper chaque année, le financement de ce voyage doit être fait avec des moyens licites. En effet, l'imam Abd Allâh ibn Alawi al-Haddad affirme : « Il est de la plus haute importance, pour celui qui est sur le point de partir en pèlerinage, de faire de son mieux pour que ses ressources soient licites et proviennent d'une source licite, car celui qui dépense pendant le pèlerinage un argent illicite ne sera pas agréé par Dieu. Quand il dira « Labayka ! » (Me voici à Toi [mon Dieu]) après s'être mis en état de sacralisation, Dieu répondra : « Ni labbayka ni sa'dayka ! » (Tu n'es pas le bienvenu) Tes ressources et ta monture sont illicites. Ton pèlerinage a été refusé. C'est ce qu'ont rapporté les traditions du Prophète (84). » La satisfaction divine doit être le seul but de ce périple, comme évoqué dans ce verset du Coran : « Prenez des provisions pour le voyage.

La meilleure provision est la piété (85) » ou encore dans les propos du Prophète : « Celui qui accomplit le pèlerinage pour obtenir la satisfaction de Dieu, en utilisant de l'argent licite et sans s'enorgueillir et en évitant les mauvaises actions et paroles, retournera propre de tous ses pêchés comme l'état d'un nouveau-né (86). »

Accomplir le pèlerinage avec ses différents rites demande aux fidèles de rompre pour un temps avec toutes leurs attaches mondaines telles que la famille, le travail, les amis et amies, la mère patrie, pour aller à la rencontre de Dieu. L'imam Abou Hamid Al-Ghazali dit à ce propos : « Dieu a fait en sorte que le voyage pour le pèlerinage ressemble au voyage vers l'au-delà. Quand vous faites vos adieux à votre famille et à vos amis, ayez en tête la façon dont vous leur ferez vos adieux dans vos derniers moments, avant de mourir. Quand vous préparez vos provisions pour la route, ayez en tête les provisions que vous devez préparer pour l'au-delà. Quand vous vous enveloppez dans la double étoffe, cela doit vous faire penser au linceul qui vous enveloppera au moment d'être enterré (87). »

Une fois arrivé à la Mecque, le pèlerin se rend à la mosquée al-Haram pour accomplir les circumambulations autour de la Kaaba – construction cubique en pierre qui représente le premier lieu dédié à la pratique du monothéisme, construite dans un premier temps par le Prophète Adam, puis reconstruite par les Prophètes Abraham et Ismaël. On rapporte que le Prophète Mohammed dit : « Celui qui tourne sept fois autour de la Kaaba, c'est comme s'il avait libéré un esclave. Chaque fois que celui qui tourne autour de la Kaaba lève son pied ou le pose, une mauvaise action lui est effacée, une bonne action lui est comptée ou son rang [spirituel] est élevé d'un degré (88). »

Il est vrai que les villes de la Mecque et de Médine occupent une place d'honneur dans l'histoire de l'islam et dans l'esprit des musulmanes et musulmans. L'histoire nous apprend qu'autrefois la Mecque servait de sanctuaire païen, reconnu dans toute l'Arabie pour accueillir un pèlerinage préislamique et une gigantesque foire commerciale. La puissante tribu de Qouraych, qui contrôlait la ville de la Mecque et la Kaaba, ne voyait pas d'un bon œil le discours de Mohammed, qui affirmait avoir reçu la révélation divine, se revendiquait un prophète de Dieu envoyé aux hommes et voulait remettre une justice sociale au goût du jour.

Quelques années après le début de la révélation coranique, le Prophète de l'islam fut contraint de quitter la Mecque à cause des nombreuses persécutions infligées par les membres de la tribu de Qouraych. En effet, comme l'écrit l'essayiste et théologienne Asma Lamrabet : « La forte opposition de l'aristocratie qurayshite, était due principalement au fait que le message monothéiste transmis venait remettre en question l'ordre établi, à savoir celui d'un polythéisme source de prestige et d'importants intérêts commerciaux.

En effet La Mecque était un espace de sacré où la multiplicité des dieux et des rituels d'offrandeattiraittouteslestribusarabes,cequiétaitunesourcevitalepourl'élitequrayshite qui ne voulait pas perdre cette autorité religieuse avantageuse à tous les niveaux (89). » En quittant la ville de la Mecque, le Prophète la regarda et dit : « Par Dieu ! Tu es la meilleure terre et la terre la plus aimée de Dieu ! Si je n'étais pas forcé à partir, je ne t'aurais jamais quittée (90). » Le Prophète de l'islam mit le cap sur la ville de Médine où des croyants l'attendaient pour bâtir une cité dans laquelle ils pourraient enfin vivre en paix et pratiquer leur foi librement et publiquement. Plus tard, lors de son heureux retour à la Mecque, le Prophète Mohammed commença par rassurer les polythéistes de la Mecque en leur disant : « vous êtes libres », puis il se dirigea vers la Kaaba pour la débarrasser de toutes les idoles (du mot idolâtrie faisant allusion au culte des idoles, des faux dieux ou au culte rendu à une personne, une chose, comme si elle était le Dieu en personne). C'est pourquoi, le pèlerinage est un voyage spirituel qui doit nous permettre de retirer les idoles présentes dans notre cœur de manière que seul Dieu l'Unique puisse le remplir de Sa présence.

Au moment d'écrire ce livre, je n'ai pas encore effectué le pèlerinage. Cependant, à travers mes conversations avec des personnes ayant eu la possibilité de l'accomplir, j'ai remarqué qu'un événement marque spirituellement les croyantes et les croyants. C'est lorsqu'ils sont tous ensemble, habillés de quelques pièces de tissu, dans la plaine proche du mont Arafat. Cette scène rappelle forcément le jour où Dieu ressuscitera toute l'humanité, nombreuse et soucieuse de son sort, car le temps du repentir sera définitivement clos. D'ailleurs, on dit « tant qu'il y a de la vie, il y a de l'espoir ». Une fois le pèlerinage terminé et de retour chez soi, il faut saisir l'occasion de mettre de l'ordre dans sa vie et de profiter du temps restant pour faire des bonnes actions avant que la mort ne frappe à la porte (91). Comme l'écrit le maître soufi Sharani : « Pour les musulmanes et musulmans, le pèlerinage est une expérience profonde et bouleversante : ils ne sont plus les mêmes femmes ni les mêmes hommes. Leur cœur est transformé, ils témoignent d'une nouvelle vision d'eux-mêmes et du monde, d'une foi changée en certitude, d'une sensibilité accrue pour le sacré, d'une conscience plus aiguë de la fonction de l'homme dans le monde, comme serviteur et lieutenant de Dieu sur Terre. À leurs yeux, la vie tout entière est un pèlerinage. Elle n'a de sens que dans la présence de Dieu, en chaque regard et en chaque souffle (92). »

LES ŒUVRES SURÉROGATOIRES

En islam, chaque acte cultuel obligatoire possède une variante surérogatoire. L'écrivain Osman Nûri Topbaş écrit que : « Les prescriptions de l'islam fonctionnent comme les deux bras d'un compas avec un point fixe et l'autre mobile. Les prescriptions obligatoires, qui incombent à tous les croyants, représentent le point fixe et les actes surérogatoires peuvent être librement accomplis en fonction des dispositions des êtres humains (93). » Le Prophète Mohammed aimait Dieu de toute son âme et avait l'habitude d'accomplir en plus des actes obligatoires une multitude d'actes surérogatoires.

Il est obligatoire d'accomplir les cinq prières quotidiennes. Le Prophète Mohammed ajoutait des prières surérogatoires avant et après les prières obligatoires et priait la nuit. Il dit à ce sujet : « La meilleure prière à faire après celles obligatoires est la prière effectuée au milieu de la nuit (94). »

Il est obligatoire de prélever une partie de sa richesse, une fois par an, pour la verser aux nécessiteux, sauf pour celles et ceux qui ne possèdent pas le taux minimum imposable. Le Prophète Mohammed était réputé pour être le plus généreux des hommes (et encore plus durant le mois de ramadan) (95). On rapporte par exemple qu'un jour le Prophète était à Médine lorsque les membres d'une tribu miséreuse vinrent à sa rencontre. Ils n'avaient pas de chaussures et leur peau collait à leurs os à cause de la faim. En voyant leur état, le Prophète devint triste et son teint changea de couleur. Il fit venir ses compagnons par l'intermédiaire de l'appel à la prière fait par Bilal le muezzin et tous se montrèrent généreux à leur égard en leur apportant de l'aide (96). Une autre fois, on relate que le prophète Mohammed se rendit au marché de Médine avec dix dirhams en poche pour acheter un vêtement. Une fois arrivé, il alla dans une boutique et en achète un pour quatre dirhams.

En sortant, il croisa sur sa route un compagnon médinois qui lui demanda l'aumône en ces mots :
— Ô Messager de Dieu, d'où viens-tu ?
— Je viens d'acheter un vêtement.
Ce à quoi, le compagnon répondit :
— Ô Messager de Dieu, peux-tu me vêtir moi aussi ? Que Dieu [te récompense] t'habille avec les vêtements du Paradis.
Le Prophète Mohammed retourna à la boutique pour lui acheter un vêtement similaire. Une fois l'achat effectué, il prit la route du retour pour rentrer chez lui et croisa une femme en pleurs. Voyant cette scène, le Prophète interpella la jeune femme et lui demanda la raison de ses larmes. La femme répondit :
— La famille auprès de qui je travaille m'a confié la somme de deux dirhams afin que j'achète de la farine au marché, mais j'ai perdu cet argent.
Le Prophète lui donna les deux dirhams restants qu'il avait dans sa poche et il continua son chemin, mais entendit cette femme qui continuait à pleurer. Il se retourna alors et lui dit :
— Tu as reçu les deux dirhams qu'il te manquait, pourquoi continues-tu à pleurer ?
— J'ai peur d'être frappée à cause de mon retard.

Le Prophète répondit :
— Viens, je vais t'accompagner jusque chez toi.
Sur ces phrases, ils marchèrent ensemble jusqu'à la demeure de la jeune femme. Une fois qu'ils furent arrivés, le Prophète salua les habitants de la maison. Les habitants de la maison ne répondirent pas. Le prophète salua une deuxième fois et n'obtint pas de réponse. Il salua une troisième et dernière fois et c'est à ce moment-là que les propriétaires sortirent avec une grande joie pour accueillir le Prophète et lui demandèrent la raison de sa visite.
Le Prophète dit :
— Je suis venu accompagner cette femme, car elle est apeurée de se faire frapper à cause de son retard. Soyez donc miséricordieux envers elle !
Le maître de la jeune femme dit :
— Puisque cette femme fut la raison de ta présence chez nous, eh bien, au nom de Dieu, elle est libre, je l'affranchis !
Après leur avoir annoncé la bonne nouvelle de la récompense du paradis, le Prophète dit :
— Quel grand bienfait Dieu a mis dans ces dix dirhams : il a habillé un prophète et un pauvre médinois puis il a permis à une esclave de retrouver sa liberté. Louange à Dieu (97) !

Il est obligatoire de jeûner le mois de ramadan, à l'exception du malade, du voyageur, de la femme enceinte ou indisposée. Le Prophète Mohammed avait l'habitude de jeûner chaque lundi et jeudi, car les actions des êtres humains sont exposées à Dieu ces jours-là et il aimait que ces œuvres soient présentées au Seigneur alors qu'il était en état de jeûne (98).

Enfin, il est obligatoire d'effectuer le pèlerinage à la Mecque, sauf pour celles et ceux qui ne sont pas, physiquement et financièrement, aptes à le faire. Le Prophète Mohammed encouragea les musulmanes et musulmans à faire le petit pèlerinage (en arabe, oumra), en vantant la récompense accordée à ce voyage : « Une oumra [visite des lieux saints hors de la période du pèlerinage] faite durant le ramadan équivaut à un pèlerinage en ma compagnie (99). »

Les actes d'adoration surérogatoires sont des actes facultatifs qui, lorsqu'ils sont faits, apportent des récompenses divines et, lorsqu'ils sont délaissés, n'entraînent aucune sanction divine. Néanmoins, les actes surérogatoires répondent à deux principaux enjeux.

Premièrement, ils constituent une sorte d'enceinte solide qui entoure les actes obligatoires empêchant ainsi que quelques faiblesses ne les affectent. Quiconque pratique constamment et préserve les actes adoratifs surérogatoires, pratiquera et préservera à plus forte raison les obligations, car le diable incite d'abord l'homme à délaisser l'acte surérogatoire en prétextant qu'il ne participe pas de l'obligation. S'il réussit à influencer le serviteur, il passe à l'étape suivante, celle de la négligence des obligations (100).

Deuxièmement, les actes surérogatoires ont été institués dans le but d'adorer Dieu davantage et de réparer les imperfections qui auraient pu s'introduire dans l'accomplissement des actes obligatoires. À ce sujet, on rapporte que le Prophète de l'islam dit : « Le Jour de la résurrection, ce dont on doit rendre compte en premier lieu est la prière. Si elle s'avère valable, il a mérité le gain et le succès sinon c'est la déception et la perte. S'il en a négligé quelque chose, Dieu dira : "Regardez si Mon adorateur a parfait sa prière ou si elle est marquée de quelques déficiences." Si elle a été accomplie intégralement, elle sera inscrite comme telle, mais si elle a été amoindrie, Il dira : "Voyez si Mon serviteur a effectué des prières surérogatoires." S'il en a à son actif, Dieu dira : "Complétez son obligation par les actes réparateurs qu'il a réalisés et ses œuvres seront alors prises complètement en considération" (101). »

Il est d'usage d'observer les actes d'adoration obligatoires en priorité puis d'augmenter avec les actes d'adoration surérogatoires en fonction de ses capacités et de ses dispositions intérieures (102). On raconte qu'un Bédouin vint trouver le Prophète de l'islam et lui dit : « Ô Envoyé de Dieu! Indique-moi une œuvre qui, si je l'accomplis, me fera entrer au Paradis. » Il lui dit: « Tu dois adorer Dieu sans rien Lui associer, observer la prière prescrite, payer l'aumône sur tes biens et jeûner le mois de ramadan. » « Par Celui qui tient ma vie entre Ses mains, je m'en tiendrai strictement à cela, je ne ferai rien de plus ni de moins », répliqua le Bédouin. Aussitôt l'homme parti, le Prophète dit à ses compagnons: « Qui veut voir un homme qui fait partie des bienheureux du Paradis n'a qu'à regarder cet homme (103). » Cette histoire montre l'exemplarité du Prophète de l'islam qui n'obligea pas la personne à faire plus que son vouloir et ne porta aucun jugement sur sa religiosité. En effet, les pratiques surérogatoires sont un secret entre Dieu et Son serviteur, elles ne s'imposent pas à la communauté. Chaque serviteur, selon ses capacités, travaille pour Son Seigneur autant qu'il a besoin de Lui (104). À cet égard, il faut veiller à ne pas contempler ses actes d'adoration et oublier ses fautes. On rapporte que le maître soufi Sahl ibn Abd Allah al-Tustari enseigna à ses disciples : « Certains affirment qu'ils ont accompli tant et tant de prières, qu'ils ont lu tant et tant de fois le Coran dans sa totalité, qu'ils ont effectué tant et tant de fois le pèlerinage : voilà les "fils du décompte", mais ils feraient mieux de compter leurs œuvres viciées que les valides (105) ! »

Pour conclure, la pratique des cinq piliers de l'islam me procure un sentiment d'apaisement et de gratitude vis-à-vis de Dieu, car je prends conscience que ce bas monde est éphémère, que tôt ou tard mon retour se fera à Dieu et que je dois persévérer dans cette lutte intérieure, préférant servir l'humanité que mon ego pour rendre ce monde meilleur. À ce sujet, le théologien Hamza Yusuf écrit : « Sans ces perceptions intérieures, la plupart des gens auraient du mal à pratiquer leur culte avec constance. Dieu a donc placé un sentiment agréable dans les actes d'adoration en guise de récompense pour leur pratique religieuse (106). » Il m'est déjà arrivé d'entendre dire que la religion était faite pour les faibles d'esprit. Or, je ne partage pas cette opinion, car comprendre et ressentir la profondeur du texte coranique et de la tradition prophétique nécessite une finesse d'esprit ainsi qu'une élévation de l'âme, comme le souligne ce verset du Coran : « Il donne la sagesse à qui Il veut. Celui à qui la sagesse a été donnée a reçu un bien incommensurable. Mais seuls réfléchissent ceux qui sont doués d'intelligence (107). »

chapitre 5.

LES SIX PILIERS DE LA FOI

Après avoir présenté les piliers de l'islam qui symbolisent la soumission extérieure – celle du corps –, je vais à nouveau me référer au récit de la rencontre entre l'ange Gabriel et le Prophète Mohammed pour parler des piliers de la foi qui représentent la soumission intérieure – celle du cœur. Dans ce récit, l'ange demanda : « Informe-moi sur la foi » et le Prophète répondit : « La foi consiste à croire en Dieu, en Ses Anges, en Ses livres, en Ses Messagers et au Jour Dernier. Elle consiste aussi à croire au destin, bon ou mauvais. » Ce à quoi l'ange dit : « Tu as dit vrai. »

Contrairement aux actes d'adoration qui accompagnent les musulmans à certains moments de leur existence, la foi – la croyance en Dieu – les accompagne à chaque instant, permettant ainsi une relation à Dieu constante et véritable. En effet, lorsque la foi habite l'être humain, il se rappelle que Dieu l'observe constamment, que les anges scribes sont présents sur ses épaules et notent tous ses actes et paroles. Il a conscience des commandements divins présents dans le Coran et est persuadé qu'il devra rendre des comptes le Jour du jugement dernier. Enfin, il avance dans la vie en acceptant le destin, qu'il soit favorable ou contre ses intérêts.

Dieu considère les cinq piliers de l'islam comme une étape dans le cheminement spirituel et les piliers de la foi profonde comme l'étape suivante tel qu'évoqué par Dieu dans le Coran : « Les Bédouins [d'une région qui n'avait pas la croyance, vinrent auprès du Prophète et] dirent : "Nous croyons [en Dieu]". Dis[-leur] : "Vous n'avez pas la croyance, dites plutôt nous nous sommes simplement soumis, mais la croyance n'est pas [encore] entrée en vos cœurs." » « Les croyants sont ceux qui croient en Dieu et en Son Prophète, qui par la suite ne doutent pas (1). » Ces différences de degrés spirituels expliquent que des musulmanes ou musulmans prient, jeûnent, se rendent au pèlerinage et dans le même temps, sont susceptibles de faire des choses interdites par Dieu comme boire de l'alcool, forniquer, voler, tuer, se suicider, car ils portent sur eux – de façon extérieure – le vêtement de l'islam, mais l'islam n'a pas encore pénétré leur cœur – dans l'intérieur.

Tous les musulmans prétendent aimer Dieu de tout leur cœur, mais en réalité qui sont ceux que Dieu aime ? Combien d'entre nous laissons Dieu habiter notre cœur au détriment de l'ego ? Comme le souligne le théologien et imam, Mohammed Bajrafil : « L'homme ne peut pas courir deux lièvres à la fois. Soit il s'abandonne à Dieu, à la foi en Lui, soit je m'abandonne à autre chose, conformément au verset suivant : "Dieu n'a pas placé deux cœurs dans le giron de l'homme." (2) » : « C'est une erreur de penser que Dieu se gagne comme nous gagnons notre pain, par la multiplication de prières, d'études ou de générosité. Dieu ne se gagne pas, nous nous en approchons grâce à l'abandon de soi et l'humilité. Nous ne pouvons atteindre Dieu en imitant la dévotion d'autrui et en singeant leurs exercices d'ascèse », nous rappelle Khaled Bentounès (3). En islam, s'abandonner à Dieu consiste à avoir foi dans les différentes composantes suivantes : la réalité de Dieu, l'existence des Anges, des Livres Saints, de la mission des Prophètes, du Jour des comptes et du destin. À cet égard, l'imam Abou Hamid Al-Ghazali affirme que le cœur de l'être humain est bel et bien le réceptacle naturel et inné pour accueillir la foi profonde conformément au verset du Coran suivant (4) : « Que vous cachiez votre parole ou que vous la divulguiez, Dieu connaît les secrets des cœurs (5) » aussi la foi doit remplir trois conditions pour être considérée comme sincère : l'adhésion intérieure par le cœur, l'adhésion verbale par la langue et l'accomplissement des œuvres par les actes (6).

LA FOI EN DIEU

Un commerçant adorateur du feu était en visite à Bassora, en Irak, pour ses affaires. Il mit au défi les musulmans de la ville en leur disant : « J'adore le feu. Il existe, donc je crois en lui. Montrez-moi le Dieu que vous prétendez adorer. Vous ne pouvez pas le faire parce qu'Il n'existe pas. Amenez-moi vos savants et je prouverai que Dieu n'existe pas. » Les musulmans présents lui dirent : « Dans un premier temps, nous te proposons de converser avec le jeune Abou Hanifa et faire face à ses arguments puis, dans un second temps, nous ferons venir nos savants pour débattre avec toi. » Voyant qu'Abou Hanifa était relativement jeune, l'adorateur du feu le rabaissa : « Ce n'est qu'un enfant. Je ne vais pas perdre mon temps à polémiquer avec lui. » Mais comme la foule insistait, ils décidèrent de se rencontrer pour débattre, à la mosquée, le jour suivant. Le lendemain, Abou Hanifa était un peu en retard pour la rencontre et l'adorateur du feu commença à le dénigrer : « Regardez, votre petit garçon a peur de venir ici. Je ne veux pas discuter avec des enfants. Faites venir vos savants ! » Les gens s'inquiétaient, quand Abou Hanifa arriva enfin, suant à grosses gouttes : « Je suis désolé d'être en retard ! J'étais de l'autre côté de la rivière et ne pouvais trouver un moyen pour la traverser. J'ai donc donné l'ordre aux arbres sur la rive de se transformer en embarcation pour me faire traverser puis ils se sont transformés en bateau pour me permettre de venir jusqu'ici. Tout cela explique mon retard et je suis navré pour cela ! » L'adorateur du feu éclata de rire. « Entendez-vous ce que raconte cet abracadabrant personnage ? Comment des arbres peuvent-ils devenir bateau de leur propre chef ? » Entendant le raisonnement de cet homme, Abou Hanifa répondit : « Vous prétendez qu'un bateau ne peut être construit autrement que par un artisan. Comment peux-tu croire que l'univers existe de lui-même, sans un artisan qui l'ait construit ? » Les gens approuvèrent les paroles d'Abou Hanifa. L'adorateur du feu poursuivit : « Pourquoi ton Dieu serait-il invisible, dans ce cas ? Les choses qui existent sont visibles. » « Avez-vous une intelligence ? » demanda Abou Hanifa. « Évidemment », dit l'homme. « Montrez-la-nous », insista Abou Hanifa. « Je ne peux la montrer », dit l'homme. « Peut-être n'en avez-vous pas ! Oui, on ne peut voir des entités comme l'âme ou l'esprit, et pourtant on connaît leur existence, ce qui veut dire que les entités ne sont pas toutes visibles. »

Les gens approuvèrent les explications d'Abou Hanifa et l'homme se mit en colère. « De quoi s'occupe ton Dieu en ce moment même ? » « Descendez de cette chaire et je répondrai à votre question quand j'y serai monté », dit Abou Hanifa. Quand il fut en haut de la chaire, il dit : « En ce moment, Dieu s'occupe de faire descendre de cette chaire une personne ignorante comme vous et d'y faire monter un enfant pour vous donner une leçon. » Voyant le génie d'Abou Hanifa, l'homme renonça à converser davantage (7).

L'imam Abou Hamid Al-Ghazali affirme que : « Le Coran est la première des lumières par lesquelles l'homme s'éclaire et c'est également le premier chemin de connaissance qu'on parcourt pour connaître Dieu (8). » En effet, y a-t-il preuve plus éclatante que celle donnée par Dieu Lui-même lorsqu'Il révèle : « N'avons-Nous pas fait de la Terre une étendue et des montagnes des piquets ? Et Nous vous avons créés en couples [homme et femme], et vous faisons dormir pour vous reposer, et fait de la nuit une couverture, et le jour pour chercher votre gagne-pain. Et Nous vous avons fait au-dessus de vous sept [cieux] puissants, et fait une lampe brillante, et Nous faisons descendre des nuages l'eau qui tombe en abondance, de sorte que Nous puissions produire ainsi du grain [céréales] et des plantes (9). »

« Dans la création des cieux et de la Terre, dans l'alternance du jour et de la nuit, dans le navire qui vogue sur la mer avec ce qu'il apporte de profitable pour les hommes, dans l'eau que Dieu envoie du ciel et par laquelle Il fait revivre la terre quand elle est morte et y dissémine toutes sortes d'animaux, dans le souffle [et la variation] des vents et dans le nuage soumis [et suspendu] entre ciel et terre, il y a des signes pour [attirer à Dieu] ceux qui font usage de leur intelligence [saine] (10). »

« Avez-vous une idée de ce que vous semez [de la goutte de sperme que vous éjaculez] ? Est-ce vous ou Nous qui le créons ? [C'est] Nous [qui] avons décrété, pour vous, la mort [dans des âges différents] et Nous ne saurions être devancés (personne ne peut échapper à Notre pouvoir), afin de vous remplacer [après votre trépas] par pareils à vous et vous faire renaître dans ce que vous ne savez guère. Vous avez [déjà] connu [votre] première naissance, pourquoi ne réfléchissez-vous pas [sur la dernière naissance] ? Avez-vous une idée de ce que vous semez [dans la terre] ? Est-ce vous ou Nous qui le faisons pousser ? Si Nous voulions, Nous le réduirions en débris desséchés, et vous passeriez votre temps à vous étonner et à regretter. [Vous diriez] : "Nous voici endettés ou plutôt, nous sommes frustrés !" Avez-vous une idée de l'eau que vous buvez ? Est-ce vous ou Nous qui la faisons descendre des nuages ? Si Nous voulions, Nous la rendrions [une eau] saumâtre ; pourquoi donc n'êtes-vous pas reconnaissants (11) ? »

En toute occasion, il est possible de méditer sur la présence et la réalité de Dieu. Il suffit de nous regarder dans le miroir tout simplement, ou encore de regarder l'environnement qui nous entoure. En toute chose, il y a matière à réfléchir et rien de ce qui arrive n'est dû au hasard. Le grand soufi Al-Darani dit : « Je ne quitte ma maison sans que ma vue tombe sur une chose dont je profite et je tire une leçon (12). »

Il y a une histoire dans laquelle le Prophète Moïse demanda à Dieu s'il dormait. Dieu demanda à Moïse de porter deux seaux d'eau à l'aide d'une canne, de poser cette canne sur son épaule et de se tenir simplement debout. Au bout d'un moment, Moïse sentit le sommeil le gagner et dès qu'il s'endormit, les seaux tombèrent par terre et l'eau se répandit partout. Dieu dit à Moïse : « Ô Moïse, si je dormais, voilà ce qui arriverait à l'univers (13). »

Dieu, dans Son être et Son agir, possède toutes les qualités de la perfection. En effet, Il ne présente aucune insuffisance ou aucun trait d'imperfection, contrairement aux êtres humains qui ont des qualités changeantes et limitées à leur période de vie sur Terre. Le philosophe René Descartes dit à ce propos : « Je ne me suis pas créé moi-même, sans quoi je me serais doté de tous les attributs de la perfection dont j'ai connaissance. Donc, je suis créé par un Être autre que moi. Cet Être ne peut être que pourvu de tous les attributs de la perfection, sans quoi je serais contraint de lui appliquer la même analyse que j'applique pour moi-même (14). »

Il m'arrive parfois, lors de mes discussions avec des personnes non croyantes, qu'elles me disent : « Dieu n'existe pas, sinon nous pourrions le voir. » En réalité, Dieu n'est pas un Être caché, cependant, Dieu est caché de notre regard parce que les êtres humains ne pourraient pas supporter de Le voir (15). La vision de Dieu est impossible dans ce monde, car la constitution physique de l'homme, régie par des lois précises propres à cette vie, rend la perception par les organes de la vue limitée de la même manière que l'œil nu n'est pas capable de voir un virus sans l'aide d'un microscope optique.

L'homme est soumis aux lois du temps et de l'espace ; or ces lois s'annulent dans l'autre monde où Dieu donne à l'homme la capacité de faire et de percevoir ce qui lui est impossible maintenant (16). D'ailleurs, le Coran relate le récit suivant entre Dieu et Moïse : « Quand Moïse vint à Notre rencontre et que son Seigneur lui parla, [Moïse] dit : "Seigneur, montre-Toi à moi, que je [puisse] Te contempler", [Dieu] dit : "Tu ne Me verras pas. Regarde la montagne, si elle reste stable à sa place, tu Me verras." Lorsque son Seigneur rayonna [un éclat de Sa splendeur] sur la montagne, Il la pulvérisa et Moïse tomba évanoui. Quand il fut revenu à lui, il dit : "Gloire [et Pureté] à Toi ! Je reviens repentant vers Toi et je suis le premier des croyants." (17) »

Contrairement à ce que nous pourrions penser, la vue n'est pas le sens qui permet de s'assurer de la présence divine. En effet, si une ampoule de cinq mille volts à l'intérieur d'une pièce vient à s'allumer, l'œil humain serait incapable de voir quelque chose dans la pièce à cause de la puissance éclairante de l'ampoule (18). En plus, d'être limitée, la perception visuelle est un mode de connaissance trompeur et peut mener à une erreur d'appréciation. Par exemple, une personne fiévreuse peut penser à cause de son état de santé qu'il fait chaud, alors qu'en réalité il fait froid (19). Le guide spirituel, Khaled Bentounès ajoute que : « Dieu est si Grand et si Puissant que cela dépasse l'entendement de l'homme qui est effrayé par ce qu'il ne peut concevoir. Pour s'approcher de cette vérité, il s'adonne à l'idolâtrie qui le rapproche de la dimension humaine et invente des philosophies, des croyances (20). »

Comme évoqué plus haut, dans la religion de l'islam, la vision de Dieu se réalise avec le cœur. On rapporte que Dieu tint les propos suivants par l'intermédiaire du Prophète Mohammed : « Mon ciel et Ma Terre ne peuvent pas Me contenir, contrairement au cœur de Mon serviteur croyant qui lui le peut (21). » En effet, quand la lumière de la foi pénètre le cœur de l'être humain, le souvenir de Dieu se fait en tout et partout. On rapporte que le maître soufi Junayd donna un jour à chacun de ses disciples un pigeon, en leur demandant de le tuer dans un endroit où personne ne pourrait les voir. Chacun trouva sa cachette et tua son pigeon, sauf un qui revint avec son oiseau vivant : « Je n'ai trouvé, dit-il, aucun endroit où j'étais seul. Partout où je me suis rendu, j'ai trouvé le regard de Dieu qui me regardait (22). À la suite de cette expérimentation, le maître se sépara de tous les autres disciples pour ne garder que lui.

Un jour des gens polythéistes demandèrent au Prophète de l'islam de leur décrire son Dieu, c'est alors que Dieu révéla la sourate « l'Unicité de Dieu » : « Lui, Dieu, est Unique. Dieu est Celui dont tout dépend. Il n'engendre pas [Il n'est pas père et ne produit pas un être dieu, une divinité], et Il n'est pas engendré [Il n'est pas fils, Il n'a pas eu de commencement et n'aura pas de fin]. Nul [être dans les cieux, sur la Terre et entre eux] n'est pareil [ou semblable] à Lui (nul n'est dieu que Lui) (23). » Les enseignements de ces versets sont multiples. Tout d'abord, le premier verset (*Lui, Dieu, est Unique*) proclame l'Unicité absolue de l'Être divin et rejette la croyance en la pluralité des dieux. Le second verset (Dieu est Celui dont tout dépend) indique que c'est auprès de Dieu que l'on a recours en toutes circonstances, car toutes les créatures ont besoin de Dieu alors que Lui n'a besoin de personne. Dieu est Le seul possesseur des attributs parfaits de l'Être divin. C'est uniquement auprès de Dieu que nous demandons notre subsistance et toutes les choses auxquelles nous aspirons dans cette vie puisque Dieu ne change jamais d'humeur et ne saurait tomber dans la gêne pour subvenir à nos besoins contrairement aux créatures (24). Ensuite, le troisième verset (Il n'engendre pas [Il n'est pas père et ne produit pas un être dieu, une divinité], et Il n'est pas engendré [Il n'est pas fils, Il n'a pas eu de commencement et n'aura pas de fin]) rejette la croyance en laquelle

Dieu serait un père ou un fils. Enfin, le quatrième verset (Nul [être dans les cieux, sur la Terre et entre eux] n'est pareil [ou semblable] à Lui (nul n'est dieu que Lui)) contredit la doctrine de l'incarnation selon laquelle on compare un simple homme à Dieu et la doctrine stipulant que d'autres peuvent faire ce qui n'est attribuable qu'à Dieu (25).

Dans le Coran, le premier attribut par lequel Dieu se définit est « Le Tout Miséricordieux ». En effet, celle ou celui qui commet une erreur a toujours la possibilité de demander pardon et de se faire pardonner. La miséricorde divine est ouverte à toutes et à tous. Dieu aime que les êtres humains l'invoquent, Lui parlent, se confient à Lui, Lui demandent pardon, car Il est Dieu, celui seul à qui l'homme doit recourir et celui qui peut tout comme écrit dans le Coran : « Et quand Mes serviteurs t'interrogent à Mon sujet, sûrement Je suis proche. Je réponds à la prière du suppliant quand il M'appelle, alors ils devraient entendre Mon appel et croire en Moi afin qu'ils puissent marcher dans le droit chemin (26). » L'homme est en relation directe avec Dieu, il est donc inutile de faire intervenir qui que ce soit dans cette relation. Les anges, les Prophètes, les saints hommes et femmes ne sont aucunement des intermédiaires, mais tout simplement des messagers (27).

LA FOI AUX ANGES

Selon la religion de l'islam, il existe un monde invisible que nul ne peut voir, hormis Dieu, comme mentionné dans le Coran : « Le jour où Dieu rassemblera les messagers et dira : "Quelle réponse avez-vous reçue?" Ils diront : "Nous ne le savons pas. Tu es Celui Qui connaît très bien l'invisible" (28). »

Les sources de l'islam nous apprennent que Dieu créa des anges à partir de lumière divine et qu'ils font partie de ce monde invisible (29). Les anges ne mangent pas, ne boivent pas, ne se marient pas, ne donnent pas naissance à une progéniture et ne sont pas engendrés. Ils n'ont pas de genre et ne sont donc ni mâles ni femelles. Ils ne dorment pas, ne connaissent ni la maladie ni la faim et peuvent présenter des apparences différentes (30). Ils ne désobéissent jamais à Dieu, car ils n'ont pas d'ego contre lequel ils devraient lutter et sont donc dépourvus de traits de caractère négatifs. À ce sujet, Ali ibn Abi Talib, quatrième calife de l'islam dit : « Dieu a doté les anges d'un intellect sans désir sexuel et sans colère. En conséquence, si l'homme parvient à dominer ses désirs et sa férocité, il s'élève à un rang supérieur à celui des anges. En effet, il parvient à atteindre ce rang en dépit des épreuves et obstacles alors que les anges n'ont pas d'épreuves (31). »

Les anges ne s'opposent jamais aux commandements de Dieu et ils accomplissent les tâches qui leur sont confiées (32), comme l'affirment ces différents versets : « Les anges ne désobéissent en rien à ce que Dieu leur ordonne, et ils font ce qui leur est commandé (33). » ; « Ceci (le Coran) est la parole [transmise] par un noble messager (l'ange Gabriel) doué d'une grande force, il a un haut rang près du Maître du Trône, obéi [par les autres anges], digne de confiance (34). » ; « L'ange de la mort à qui votre garde a été confiée vous recueillera ; puis vous serez ramenés vers votre Seigneur (35). » ; « [L'homme] a devant et derrière lui des [anges] accompagnateurs qui veillent sur lui, sur ordre de Dieu (36). »

En islam, il est dit que chaque être humain possède sur ses épaules deux anges qui transcrivent tous actes et paroles, les bonnes comme les mauvaises. L'ange assis à droite écrit ses bonnes actions alors que l'ange assis à gauche écrit ses mauvaises actions comme le souligne ce verset : « Deux [anges] enregistreurs [l'un] assis à [sa] droite et [l'autre] à [sa] gauche recueillent [ses actes], [et l'homme] ne prononce pas un mot sans qu'un [ange] veilleur soit près de lui, prêt [à l'enregistrer] (37). » Les anges retranscrivent absolument tout, de manière que l'être humain ne crie pas aux mensonges le Jour où il sera jugé par Dieu, comme écrit dans le Coran : « Nous attachons le résultat des actes de chaque homme à son cou (Nous avons fait tout homme responsable et en gage de ses actes). Et le Jour de la résurrection, Nous lui sortirons un livret [où sont rédigées toutes ses intentions et ses actions] qu'il trouvera toutes divulguées (enregistrées précisément). [Il lui sera dit] : « Lis ton livret, tu te suffis d'être ton propre comptable (38) », ou encore : « Voici Notre Livre [d'une part, et votre livret de l'autre] qui vous parle [montre vos actes] en [toute] vérité. Nous enregistrions tous ce que vous faisiez (39). »

À cet égard, le Prophète Mohammed donna des explications quant à la manière dont Dieu établit les règles de retranscription des bonnes et des mauvaises actions : « Quiconque avait l'intention de faire une bonne action, mais n'a pas pu la faire, une bonne action est tout de même inscrite à son compte. S'il accomplit la bonne action, elle est inscrite comme dix bonnes actions et, selon la volonté de Dieu, elle peut être multipliée jusqu'à sept cents fois ou plus. Quiconque avait l'intention de faire une mauvaise action, puis a décidé de ne pas la faire, elle lui est inscrite comme une bonne action. Mais s'il avait l'intention de la faire et qu'il la réalise, elle lui est inscrite comme une seule mauvaise action (40). »

La foi aux anges nous rappelle que les anges scribes sont assis sur nos épaules, qu'ils sont des compagnons de route qui participent à notre vie quotidienne. Ils écoutent ce que nous disons, ils voient les actes que nous accomplissons et ils découvrent les lieux que nous fréquentons. Ils prennent note de tout ce qu'ils voient et entendent et n'oublieront aucun détail, car c'est leur mission principale.

On raconte à ce sujet que Dieu dit aux anges : « Vous êtes chargés de surveiller l'extérieur, et Moi J'observe l'intérieur (41). » Dans cette quête de l'excellence intérieure, on peut ajouter les propos du maître Abû Yazîd disant que : « Le meilleur serviteur est celui qui a deux mains droites, c'est-à-dire qu'il fait du bien avec ses deux mains. Il n'y a que les anges de la droite qui écrivent et ceux de la gauche se reposent (42). » Les bonnes ou mauvaises actions ne s'effacent pas avec le temps. En effet, chaque action, jusqu'à la plus minime, est précieusement consignée dans les livres tenus par les anges de droite et de gauche. Les deux livres seront alors pesés sur la balance Divine et Dieu rendra son jugement conformément au verset : « Ce Jour-là, Dieu leur donnera leur juste rétribution et ils sauront que Dieu est le Vrai évident (Il est le Juste, Sa justice manifestant à tout le monde) (43). »

LA FOI AUX LIVRES ET AUX PROPHÈTES

Au cours de sa vie, l'être humain peut être amené à se poser des questions existentielles : « D'où viens-je ? », « Où dois-je aller ? », « Quel est le but de la vie ? », « Que m'arrivera-t-il après la mort ? ». Comme un voile qui se lève, il peut être amené à ressentir Dieu dans son for intérieur et vouloir cheminer vers Lui comme le souligne ce verset : « Lorsque Mes serviteurs t'interrogent à Mon sujet, dis-leur qu'en vérité Je suis proche, Je réponds à la demande de celui qui M'appelle, quand il M'appelle. Qu'ils écoutent donc Mes exhortations et qu'ils croient en Moi. Puissent-ils être bien guidés (44). » Dieu entend l'appel de celui qui Le cherche et propose de le guider en lui parlant par l'intermédiaire de l'un de ses semblables – un prophète – afin qu'il trouve les réponses cherchées et le chemin qui mène à Lui (45).

Dans le Coran, Dieu dit : « Je n'ai créé les djinns et les hommes que pour qu'ils M'adorent (46). » (Les dijnns sont des êtres créés de feu, pouvant être bons ou mauvais, croyants ou mécréants, que nous ne pouvons voir, ils sont cachés à l'œil humain. Ils peuplent la Terre et doivent également accomplir des obligations divines.) Par conséquent, l'un des buts de la mission prophétique est d'enseigner à l'homme qu'il n'est pas créé sans but (47). Comme mentionné dans le verset précédent, adorer Dieu, respecter Ses commandements et Ses interdits transmis par les prophètes est une nécessité pour les êtres humains (48). Au fil du temps, Dieu envoya plusieurs prophètes aux êtres humains avec différents messages et, si la forme des messages diffère en fonction des peuples, le message initial, lié aux valeurs fondamentales de la foi, est toujours resté le même, à savoir : Il n'y a de dieu que Dieu.

Le Prophète David reçut des commandements de Dieu qui formèrent les Psaumes, le Prophète Moise reçut des commandements de Dieu qui formèrent la Torah, le Prophète Jésus reçut des commandements de Dieu qui formèrent par la suite les

Évangiles, et le Prophète Mohammed reçut des commandements de Dieu qui formèrent le Coran. Musulmanes et musulmans ont pour obligation de croire et de respecter tous les prophètes envoyés par Dieu, du Prophète Adam au Prophète Mohammed, de respecter leurs Livres, de respecter les croyantes et croyants adeptes du judaïsme et du christianisme comme le stipule le verset coranique : « Ne discutez que de la meilleure façon avec les gens du Livre [les peuples ayant reçu un Livre par l'intermédiaire d'un Prophète] (49). » D'ailleurs, celles ou ceux qui dénigreraient un Prophète ou un Livre ne seraient plus en phase avec les fondements de la religion de l'islam et ne feraient plus partie de la communauté musulmane.

Dans la mosquée que je fréquente, régulièrement je propose aux adolescents d'échanger sur des sujets liant l'actualité et la pratique de la foi. Un jour, alors que nous échangions sur le thème du dialogue interreligieux, je leur demandai : « Avez-vous déjà lu la Bible ? » Un adolescent prit la parole et dit : « Il ne faut pas lire le livre des autres religions, car on quitte l'islam en faisant cela. » Ce à quoi je répondis : « Supposons qu'un ami non musulman te demande si tu peux lui prêter un exemplaire du Coran en français pour qu'il le lise. Que fais-tu ? Tu t'exécutes et réponds à sa demande, n'est-ce pas ? » Il acquiesça puis je lui dis : « Quelques semaines plus tard, cet ami non musulman te rend le Coran après l'avoir lu et il te remercie. Penses-tu que sa lecture du Coran a fait de lui un nouveau musulman à qui les cinq piliers de l'islam s'imposeraient à partir du moment où il a lu et rendu le Coran ? » « Bien sûr que non », dit-il. « Ta réponse confirme bien que les êtres humains peuvent lire les livres des autres religions sans embrasser la religion du livre en question. » Puis j'ajoutai : « Le même raisonnement s'applique pour les lieux de cultes. Si demain, l'un d'entre vous met un pied au Pérou pour y faire du tourisme culturel, est-ce que cela fera de lui un citoyen péruvien ? La réponse est non. Si demain, l'un d'entre vous met le pied dans une église ou dans une synagogue, est-ce que son islamité va disparaître en faveur du christianisme ou du judaïsme ? La réponse est à nouveau non. D'ailleurs, il est bon de savoir que dans les premiers temps de l'islam, les musulmans furent persécutés en raison de leur croyance religieuse et leurs lieux de culte furent menacés de destruction. Dieu révéla alors ce verset dans lequel Il demande aux musulmans de protéger les mosquées ainsi que les églises, les synagogues et les autres croyants qui pourraient aussi être victimes de persécutions, dans le but d'assurer une parfaite liberté religieuse : "Ceux qui ont été expulsés injustement de leurs demeures [et de leur pays] pour avoir [seulement] dit : "Notre Seigneur est Dieu" Si Dieu n'avait pas repoussé certains hommes [injustes] par d'autres [hommes], les monastères, les églises, les synagogues et les mosquées où le nom de Dieu est invoqué si souvent seraient démolis. Dieu aide celui qui L'aide. Dieu est Fort [et Il est] Puissant (50)." J'espère désormais que c'est plus clair dans vos esprits et j'aimerais également souligner qu'au sujet des églises, j'ai un attachement particulier à elles puisqu'elles me rappellent mon enfance.

Elles sont belles de l'extérieur et d'un calme propice à la méditation à l'intérieur. Je n'ai pas encore eu l'occasion de visiter une synagogue, mais j'espère bien un jour, inchAllah. »

Comme exposé jusqu'ici, les prophètes apportent aux êtres humains des enseignements spirituels pour qu'ils trouvent la quiétude ici-bas et dans l'au-delà. Néanmoins, ils sont aussi envoyés pour que les êtres humains n'invoquent pas des prétextes fallacieux le Jour du jugement dernier qui pourraient les disculper de leurs responsabilités à l'égard de Dieu, en rétorquant : « Ô Dieu, Tu ne nous as pas envoyé un guide », « Ô Dieu, Tu ne nous as pas montré comment t'adorer et te servir », « Ô Dieu, Tu ne nous as pas informés des choses qui Te plaisent et des choses qui Te déplaisent », « Ô Dieu, Tu ne nous as pas montré la voie à suivre », « Ô Dieu, Tu vois bien, nous ne méritons pas Ta colère, nous ne sommes pas fautifs ! » Sans l'envoi des prophètes, ces subterfuges seraient dès lors recevables, mais comme Dieu le souligne dans le Coran : « [Nous avons envoyé les] prophètes en tant qu'annonciateurs et avertisseurs, afin qu'après la venue des prophètes, les hommes n'aient plus d'excuse devant Dieu. Dieu est Puissant [et] Sage (51). »

Enfin, il y a plusieurs choses qui distinguent les prophètes des autres êtres humains. Tout d'abord, les prophètes viennent sur Terre avec des miracles qui les distinguent des imposteurs. Ensuite, ils se tiennent loin de la désobéissance à Dieu, ensuite ils ne sont pas envahis par des désirs répréhensibles et enfin ils ont une aversion pour tout ce qui pourrait nuire à l'humanité et rabaisser l'honneur de l'homme. Les prophètes sont des personnes parfaites en caractère dont l'âme et les actes sont purs. Ils sont des modèles pour les êtres humains et servent de beaux exemples pour l'humanité. C'est pourquoi Dieu nous demande de les imiter, de prendre exemple sur leurs manières et de suivre leur voie dans tous les aspects de la vie comme le souligne le verset (52) : « Ce sont ceux-là que Dieu a guidés, alors suivez leur conseil (53). » Preuve de l'importance du Prophète Mohammed dans le cheminement spirituel des musulmans, Dieu a fait que la foi n'est parfaite que lorsque l'attestation de l'Unicité divine, « il n'y a de dieu que Dieu » est accompagnée de l'attestation que « Mohammed est le serviteur et le Messager de Dieu (54). »

LA FOI AU JOUR DERNIER

En islam, la vie éternelle n'est pas celle qui est présente sur Terre. Musulmanes et musulmans croient qu'ils devront rendre compte de leurs œuvres bonnes et mauvaises accomplies ici-bas avant d'accéder à une vie sans fin, dans l'au-delà, comme l'affirme ce verset : « [Dieu dira :] Avez-vous supposé que Nous vous avons créés en vain but et que vous ne serez pas ramenés vers Nous (55) ? »

Le jugement de Dieu ne portera pas seulement sur la religiosité de l'être humain, mais également sur ses responsabilités à l'égard de son épouse, de ses enfants, de sa famille, de ses voisins, de ses collègues de travail, des concitoyens et aucune différence ne sera faite entre un bien ou un mal faits envers des musulmans ainsi que des non-musulmans, comme l'atteste la parole divine en disant : « Ce Jour-là, personne ne sera lésé en rien, vous ne serez rétribués que [selon] ce que vous faisiez (56). »

Dans notre société, les croyantes et les croyants, de toutes les religions confondues, sont parfois moqués à cause de leurs croyances ou de leurs apparences vestimentaires et peuvent même parfois passer pour des illuminés puisqu'ils croient en un Dieu « invisible » et en un monde « invisible », tel que le monde de la vie après la mort ou au Paradis et à l'Enfer. Voici une histoire dont j'aime beaucoup la morale.

Un homme se rendit auprès d'Ali ibn Abi Talib, gendre du Prophète Mohammed et quatrième calife de l'islam. Cet homme refusait de croire en l'existence de la vie après la mort, au Paradis et à l'Enfer ou encore au fait de devoir rendre des comptes de ses actes dans l'au-delà. L'homme lui dit : « Ô Ali, vous, les musulmans, vous croyez à la vie après la mort et faites beaucoup de bonnes actions pour entrer au Paradis et être épargnés d'aller en Enfer. Vous priez, vous donnez de vos biens, mais est-ce que cela vaut la peine de se donner autant de mal ? Comment pouvez-vous être si sûrs qu'il y ait bien une vie après la mort ? » Ali écouta attentivement puis lui donna la réponse suivante : « Certes, tu prétends que la vie après la mort, le Jour du jugement dernier, le Paradis et l'Enfer n'existent pas, alors que nous affirmons que tout cela est bien réel. Supposons que tu aies raison et que tout cela n'existe pas. Dans ce cas, une fois morts, nous serions, toi et moi, dans la même situation et toutes les bonnes actions que nous aurions accomplies sur Terre pour plaire à Dieu, qu'il s'agisse de la prière ou de la charité envers les nécessiteux, ne nous porteraient aucun préjudice. En revanche, supposons que nous ayons raison et que tout cela existe. Que feras-tu ? » Après quelques minutes de réflexion, la personne dit : « Je jure au nom de Dieu que dans les deux cas vous êtes gagnants. Nous avons du souci à nous faire si la vie après la mort existe ! Ô Ali, apprends-moi ta religion, je veux devenir musulman. »

Effectivement, même si la vie après la mort n'existe pas, les croyants, en raison de leur croyance et de l'application des commandements divins, auront été utiles de différentes manières, durant leur passage sur Terre, aux êtres humains, sans leur causer de torts. Comme le dit le maître soufi Edebali : « Lorsqu'un cheval meurt, sa selle reste ; lorsqu'une personne meurt, les fruits de son travail restent. Ne pleure pas pour ceux qui partent de ce monde, mais pleure plutôt pour ceux qui partent sans n'y avoir rien laissé (57). »

Les croyantes et croyants ne mettent pas tous leurs œufs dans le même panier. La très grande majorité des croyantes et croyants ne vivent pas une vie monacale. Au contraire, ils vivent leur vie de manière équilibrée, ils cherchent à plaire à Dieu en faisant des choses qu'Il agrée et s'éloignent des choses qu'Il prohibe se rappelant Sa parole : « Mais non, vous [hommes non éduqués vous] n'honorez pas l'orphelin, vous n'incitez pas à nourrir le pauvre, vous dévorez l'héritage avec une voracité mélangeant [licite et illicite], vous aimez les richesses d'une passion excessive [et abusive] ! Mais non, quand la Terre sera broyée [réduite en poudre], quand viendra [l'ordre de] ton Seigneur, et les anges [viendront] rang par rang, ce Jour-là on amènera l'Enfer (résultat total de mauvais actes) ; ce Jour-là l'homme [impie, injuste] se rappellera [tout ce qu'il a commis]. Mais à quoi lui servira de se rappeler ? Il dira : "Hélas ! Que n'ai-je fait [du bien] pour ma vie [future] !" Ce Jour-là nul ne châtiera [si juste et précis] que Son châtiment, et nul n'enchaînera [si dûment et exactement] que Son enchaînement. [Mais à quiconque sera pieux et observera les ordres de Dieu sera dit :] "Ô toi, âme apaisée, retourne satisfaite et agréée vers ton Seigneur, entre avec Mes [proches] adorateurs, entre dans Mon paradis" (58). »

LA FOI AU DESTIN

Musulmanes et musulmans croient que Dieu est l'unique maître de l'univers dont la gestion ne dépend d'aucun être humain, quelle que soit la position qu'il occupe ou la fortune qu'il possède et tout ce qui se déroule résulte de la volonté de Dieu (59). Chaque être humain dispose d'un libre arbitre lui permettant de mener sa vie comme il l'entend et de prendre ses propres décisions. En effet, durant son passage sur Terre, Dieu ne contraint aucune de ses créatures à faire quoi que ce soit. Au contraire, l'être humain est totalement libre de se soumettre ou non aux commandements divins comme l'affirment de nombreux versets : « Celui qui veut [croire en Lui] qu'il croit, et qui veut [Le renier] qu'il [Le] renie. » ; « C'est là vraiment un rappel ! Que celui qui le veut, prenne donc un chemin vers son Seigneur ! » ; « Il en est parmi vous qui veulent ce bas monde et il en est qui veulent l'au-delà (60). » Effectivement, il serait illogique de demander aux êtres humains de rendre des comptes de leurs œuvres sans une totale liberté de penser et d'agir, car s'ils avaient été contraints de penser de telle ou telle manière ou d'agir de telle ou telle façon, eh bien la récompense divine ou le châtiment divin n'aurait alors pas raison d'être.

J'ajouterais également que, bien que l'être humain possède la liberté de conscience et la liberté d'agir comme bon lui semble, il doit néanmoins accepter que ses désirs et ses espoirs ne se réaliseront peut-être pas. En effet, il arrive que Dieu, par miséricorde, éloigne Sa créature des choses qu'elle convoite, bien qu'en apparence elles semblent favorables à ses intérêts. L'être humain ne distingue que les aspects extérieurs des choses alors que Dieu en connaît leurs aspects intérieurs et leurs réalités essentielles (61). En raison de cela, il est nécessaire de se convaincre que les décisions de Dieu sont meilleures que les choix que l'être humain aurait faits pour lui-même et que derrière tout décret divin se cache un bien qui lui est destiné (62).

VOL JA088
COMPTOIR JANNAH AIRLINES
VOL JA088
MAIS MONSIEUR VOTRE AVION A DÉJÀ DÉCOLLÉ
COMMENT EST-CE POSSIBLE ! JE VEUX VOIR UN RESPONSABLE
MONSIEUR « 5 AM » SIGNIFIE 5 H DU MATIN ET NON 5 H DE L'APRÈS MIDI
QUELLE POISSE !
FLASH FLASH FLAS
FLASH INFO : « LE VOL JA088 À DESTINATION DES ÎLES MAKARNAS AVEC 199 PASSAGERS EST PORTÉ DISPARU

Au premier abord, la volonté divine peut être difficile à accepter et lorsque Dieu refuse, l'être humain devient insatisfait et impatient, en dépit des versets suivants : « Il se peut que vous répugniez à une chose alors qu'elle est un bien pour vous, et il se peut que vous aimiez une chose alors qu'elle est un mal pour vous. Dieu sait, et vous, vous ne savez pas » ou encore « Dieu est avec ceux qui patientent. » (63)

Voici l'histoire d'un roi, toujours accompagné de son fidèle conseiller, un homme très sage qui aimait Dieu. À chaque fois qu'un malheur arrivait au roi, le conseiller le consolait avec ces mots : « Ce n'est pas grave, mon roi, c'est un bienfait de Dieu ! » Le roi ne comprenait pas toujours la sagesse de son conseiller et il lui arrivait de se fâcher. Un jour, en allant à la chasse, le roi se blessa et perdit trois doigts. Lorsque la nouvelle traversa le royaume, les gens compatirent à la douleur du roi, sauf le conseiller qui s'approcha du roi et lui dit : « Mon roi, ne pleurez pas comme ça. Ce n'est pas grave, il vous reste encore des doigts. Ce qui vous arrive est un bienfait de Dieu. » Le roi avait très mal et se mit très en colère : « Conseiller ! Tes paroles ne me plaisent pas ! Au lieu de me consoler, tu dis que ce qui me fait mal est un bienfait de Dieu ! Qu'on t'emmène en prison ! » Le roi prit un nouveau conseiller et oublia celui qu'il venait de mettre en prison. Les années passèrent et le roi partit un jour en promenade en compagnie de sa garde, quand des cannibales les attaquèrent. Le chef cannibale ordonna : « Capturez tous les hommes en bonne santé et ne prenez pas les infirmes ! » Tout le monde fut capturé, sauf le roi, car il lui manquait trois doigts. Anéanti par cette épreuve, il rentra seul au château. C'est alors qu'il se rappela que son premier conseiller était toujours en prison et alla vite à sa rencontre. « Ô, mon brave conseiller, pardonne-moi de t'avoir laissé si longtemps en prison. Tes paroles étaient pleines de vérité ! Je suis en vie grâce aux trois doigts qui me manquent. Comme tu le disais, c'est un bienfait de Dieu, mais je n'avais pas compris tout de suite. Acceptes-tu mes excuses, car c'est toi le plus sage ? » Le conseiller, heureux que le roi ait compris que toutes les épreuves qui lui étaient arrivées étaient finalement un bienfait pour lui de la part de Dieu, lui répondit : « Mon roi, ne vous excusez pas de m'avoir mis en prison, je vous rassure, c'est un bienfait pour moi. » Le roi, étonné, lui dit : « Mais, n'es-tu pas fâché contre moi ? Je t'ai puni sans raison valable, et cela, pendant des années. » Le conseiller lui répondit en souriant : « Mon roi ! Si j'étais resté auprès de vous, les cannibales m'auraient fait prisonnier et je serais, à cet instant, mangé ! Tout est un bienfait de Dieu (64). »

L'être humain doit acquérir et entretenir une entière confiance en Dieu. Son indignation contre ce qui est décidé ne changera rien au décret divin. Il est préférable qu'il convainque son âme d'accepter le décret divin, il trouvera ainsi le repos et la satisfaction divine (65). À cet égard, le Prophète Mohammed dit : « Sache que ce qui t'a manqué ne t'était pas destiné et ce qui t'a atteint ne pouvait te manquer (66). » On relate, au sujet de Gandhi, l'histoire suivante. Un jour, alors qu'il passait d'un wagon à un autre dans un train en marche, il perdit sa claquette sur les rails.

Sa première réaction fut de prendre la seconde claquette et de la jeter aussitôt sur les rails. Celui qui l'accompagnait alors lui demanda : « Mais pourquoi avoir fait cela ? ». Gandhi répondit que sa claquette seule n'aurait servi à personne, il fallait qu'il jette la deuxième pour que la perte de la première ait du sens, du sens pour celui qui la perd et pour celui qui la retrouve. La réaction de Gandhi n'a pas été de chercher à savoir comment il allait faire pour récupérer sa claquette ou de se mettre en colère, mais il eut le réflexe de se convaincre du bien de sa destinée et de penser à son prochain instantanément (67).

Le Prophète de l'islam estime que le croyant a une destinée étonnante : « Tout ce qui lui advient est bénéfique, et cela n'est réservé qu'à lui seul ! S'il est l'objet d'un événement heureux, il remercie Dieu et c'est là pour lui une bonne chose et s'il est victime d'un malheur, il l'endure avec patience et c'est là encore pour lui une bonne chose (68). » Par cette épreuve, Dieu élève son degré spirituel et/ou efface une ou plusieurs de ses mauvaises actions conformément à un autre propos prophétique : « Il n'est pas une fatigue ou une maladie, un souci, une peine, un mal ou une angoisse qui touche le musulman, jusqu'à l'épine qui le pique, sans que Dieu lui efface à cause de cela une partie de ses péchés (69). »

Le Coran nous enseigne que la science de Dieu embrasse toute chose et que tout ce qui se déroule dans l'univers est d'ores et déjà écrit dans un Livre, comme l'expose ce verset : « Nous avons dénombré [et consigné] toute chose dans un registre [guide] explicite (70). » En d'autres mots, toutes les actions faites par les êtres humains et les conséquences qui s'ensuivent sont connues au préalable par Dieu. Nous ignorons notre destinée, alors que Dieu connaît le destin de chacune de Ses créatures. J'insiste sur ce point, l'être humain n'accomplit pas une chose parce que Dieu l'a écrit, mais Dieu savait à l'avance que Sa créature agirait ainsi, et c'est pourquoi Il l'a écrit. Imaginons que nous posons un trousseau de clés sur la table basse du salon, juste à côté de celui de bébé en plastique et coloré. Tout parent sait à l'avance que bébé préférera sans aucun doute l'original à la copie, et qu'il attendra le bon moment pour les mettre en bouche ou les saisir et courir avec !

Il m'est déjà arrivé d'entendre que si Dieu existait vraiment, Il ne laisserait aucune souffrance avoir lieu sur Terre. À ce sujet, on dit qu'un saint homme parcourait le monde et en voyant toutes les douleurs et les souffrances que les gens devaient endurer, il se mit à pleurer et s'adressa au Très-Haut de la sorte : « Ô Dieu ! Pourquoi ne fais-tu rien ? » Il entendit une voix lui dire : « Mais Je l'ai fait, Je t'ai créé (71). » Le mal présent sur Terre provient de l'ego présent en chaque être humain, et c'est la raison pour laquelle il leur est demandé de purifier leurs âmes pour remplacer le mal par le bien. D'ailleurs, je me dis parfois que si l'on retirait les êtres humains de cette Terre, elle aurait des allures de paradis.

Lors de son passage sur Terre, si l'être humain désire faire le bien, Dieu le lui permet. Il est vrai aussi que si l'être humain désire faire le mal, Dieu ne l'empêche pas de le faire, tout simplement parce que la vie terrestre n'est pas le lieu de la récompense finale ou du châtiment final. La vie terrestre est la demeure des épreuves en tout genre, dans laquelle les actions humaines bonnes et mauvaises sont comptabilisées en marge du Jour du jugement dernier. Je précise que le fait que Dieu n'empêche pas un être humain de faire du tort à autrui ne veut pas dire que Dieu cautionne ou tolère le mal qui en résultera. Bien au contraire, Dieu dit dans le Coran : « Ne pense pas que Dieu soit inattentif à ce que font les injustes. Il leur donne seulement un délai jusqu'au Jour [le Jour dernier] où les regards [de ces gens] se figeront (à cause de leurs injustices) (72). » Dans le même esprit, on peut imaginer qu'un inspecteur de police ne va peut-être pas arrêter un cambrioleur au premier larcin. En effet, en fonction du profil de l'intéressé, l'inspecteur de police va sans doute préférer attendre que ce malfrat accumule les délits, de manière à constituer un rapport suffisamment solide pour envoyer ce dernier le plus longtemps possible en prison. L'inspecteur de police ne cautionne ni ne tolère les agissements du malfrat, il fait simplement preuve de patience pour garantir la bonne marche des opérations. Si Dieu ne châtie pas immédiatement l'être humain qui commet un péché, c'est pour lui laisser la possibilité de se repentir et de se réformer, comme écrit dans ce verset du Coran : « Ceux qui, par la suite, se repentent et s'amendent [trouveront] Dieu, car [Il] pardonne [et Il est] le Très-Miséricordieux (73). » L'être humain ne peut pas se cacher derrière Dieu et le destin, et les prendre comme responsables lorsqu'il commet un péché, tout simplement parce qu'il est impossible que Dieu oblige Ses créatures à agir d'une façon qu'Il désapprouve, comme écrit dans cet autre verset : « Dieu ordonne l'équité, la bienfaisance, la libéralité [l'assistance] envers les proches. Il interdit la turpitude, l'acte répréhensible et le viol des droits d'autrui [la rébellion, vol, etc.]. Il vous exhorte, afin que vous vous souveniez (y preniez conseil) (74). »

Peu importe ce qu'il nous arrive, nous devons avoir confiance en Dieu et être convaincus que Dieu ne nous abandonnera jamais. À ce sujet, on raconte que le Prophète Jésus dit un jour à ses disciples que l'homme est créé en ce monde en quatre étapes. Dans trois d'entre elles, il se sent en sécurité et dans la quatrième, il craint que Dieu ne l'abandonne. Tout d'abord, Dieu subvient à ses besoins dans l'obscurité de la cavité du ventre. Ensuite, une fois sorti de l'obscurité du ventre, il découvre le lait maternel. Puis, sevré du lait, il découvre la troisième étape, avec la nourriture procurée par ses parents, qui l'acquièrent licitement ou illicitement. Finalement, lors de la quatrième étape, il constate qu'il grandit et qu'il devient un homme, il craint pour sa subsistance, aussi il s'en prend aux gens, trahit leur confiance, vole leurs affaires et dérobe leur richesse, craignant que Dieu ne l'abandonne (75).

Enfin, si nous aimons Dieu d'un amour sincère et si nous plaçons en lui notre confiance, Il nous enveloppera de Sa grâce en retour, en référence à la conversation riche en enseignements entre le Prophète Mohammed et son compagnon 'Abdullah ibn Abbas. « Un jour, alors que j'étais sur le point de quitter le Prophète, il me dit ces paroles : "Ô jeune homme, je vais t'enseigner quelques préceptes. Observe les commandements de Dieu et Il te protégera. Observe les commandements de Dieu et tu Le trouveras devant toi. Si tu demandes quelque chose, demande-le à Dieu. Si tu implores de l'aide, implore l'aide de Dieu et sache que si le monde entier s'associait pour te procurer un bienfait, il ne te ferait profiter que du bienfait que Dieu a décrété pour toi, et que s'il s'unissait pour te nuire, il ne te ferait que le mal que Dieu a décrété pour toi. Les calames [les plumes] sont levés et l'encre des feuilles a séché." (76) »

chapitre 6.

LE SOUFISME

Après avoir introduit les piliers de l'islam puis les piliers de la foi, je vais parler de l'éducation spirituelle, appelée également le soufisme, et me référer à nouveau au récit entre l'ange Gabriel et le Prophète Mohammed dans lequel l'ange dit : « Informe-moi sur la foi parfaite » et reçut comme réponse de la part du Prophète : « C'est le fait d'adorer Dieu comme si tu Le voyais, car si toi tu ne Le vois pas, Lui te voit. »

Le soufi symbolise une personne qui fuit la mondanité et la dépendance aux attaches matérielles et ne désire que se consacrer à l'adoration secrète de Dieu, car Dieu est le seul but de sa vie. Il existe plusieurs explications de l'origine du mot *soufi*.

Tout d'abord, à côté de la maison du Prophète Mohammed à Médine se trouvait un endroit connu sous le nom de *Souffa*, où les disciples les plus dévoués passaient leur temps à étudier l'islam et à servir les musulmans. Les gens de la Souffa (en arabe, *ahl al-suffa*) étaient connus pour leur abstinence des choses matérielles et mondaines et leur surnom évolua plus tard avec le terme *soufi* (1). Ensuite, le nom *soufi* dérive également du mot arabe *safa*, qui signifie « la pureté » et « la propreté », en raison de l'aspiration des soufis à être spirituellement purifiés de ce bas monde (2). Par exemple le soufi Dawud at-Ta'i buvait de la soupe à base de farine et ne mangeait jamais de pain. Lorsqu'on lui en demanda la raison, il répondit : « L'économie de temps que l'on fait en buvant de la soupe plutôt qu'en mâchant du pain permet de lire cinquante versets coraniques (3). » Le mot *soufi* dérive également du mot arabe *souf*, qui représente la laine. Un parallèle peut être fait entre la douceur de la foi et la douceur de porter un vêtement en laine (4). Le Prophète aurait recommandé à ses disciples de porter une bure de laine rapiécée [un gilet, une veste en laine], en signe de pauvreté spirituelle. « Revêtez la laine, vous ressentirez dans votre cœur la douceur de la foi » lui prête-t-on (5). Enfin, le mot *soufi* provient du mot grec *sophia* qui signifie la sagesse, car beaucoup des premiers soufis étaient considérés comme des amoureux de la sagesse ou des philosophes (6).

Le soufisme symbolise la dimension spirituelle de l'islam, dont la démarche consiste à purifier le cœur et l'âme pour que tous deux soient dans un rapport perpétuel avec Dieu. Cheminer sur la voie soufie, c'est ressentir Dieu en tout et partout. Pour arriver à ce résultat, il est nécessaire de travailler sur soi, sur son ego et de libérer le cœur de tout ce qui pourrait porter atteinte à sa tranquillité, comme l'amour du pouvoir, la colère, la duplicité, la jalousie, l'orgueil, l'ostentation, la renommée (7).

Si je devais définir le soufisme selon mon vécu, je dirais que c'est un travail de transformation intérieure, consistant à restreindre les choses désirées par l'ego pour donner préférence aux choses désirées par Dieu. Pour cela, l'aspirant soufi (en arabe, *murîd*) se contente de ce que Dieu met sur sa route et Lui fait confiance dans toutes les circonstances, bonnes et mauvaises en apparence.

Enfin, ce dernier doit constamment avoir Dieu à l'esprit dans les œuvres extérieures comme dans les pensées intérieures et doit se remettre perpétuellement en question de manière à toujours garder le cap sur l'objectif : plaire à Dieu.

Le soufisme ne s'expérimente pas à travers les discussions ou bien la lecture de livres puisque les mots n'ont pas le pouvoir de remplacer les expériences et réflexions intérieures, si précieuses dans le cheminement spirituel. Celui qui veut apprendre le soufisme à travers les livres ressemble à une personne qui souhaiterait faire le pèlerinage à la Mecque et à laquelle on répondrait : « Un tel va te décrire en détail tout ce qu'on fait lors du pèlerinage et cela t'évitera d'y aller (8). » Le maître soufi Abdel Qadr Al-Jilani dit en parlant du soufisme que : « C'est une discipline qui est partie intégrante des sciences islamiques pour ne pas dire son cœur. » La jurisprudence nous apprend à faire les ablutions et la prière, les règles de lecture nous apprennent à lire correctement le Coran, le soufisme, quant à lui, nous apprend à éduquer nos âmes et à purifier nos cœurs (9), comme évoqué dans ces versets du Coran : « Bienheureux sont les croyants ! Ceux qui font acte d'humilité dans leurs prières (10) » ou encore « Ceux qui auront lutté (spirituellement) en Nous, certes Nous les dirigeons sur Nos chemins. Dieu est avec ceux qui recherchent l'excellence (11). »

En parlant d'expérience intérieure, je vous raconte l'anecdote qui me rapprocha du soufisme. Un jour, alors que je flânais dans les artères d'un centre commercial, je vis dans une vitrine un superbe pull-over. Une fois dans la boutique, je demandai à pouvoir l'essayer. Coup de cœur dans la cabine d'essayage, je décidai de l'acheter ! Au bout de quelques jours, et après l'avoir porté une ou deux fois, je commençai à regretter mon achat, me disant que ce pull-over n'était pas aussi beau que lorsque je l'avais vu dans la vitrine ou qu'il ne m'allait finalement pas si bien. Quelques jours plus tard, en passant près d'un conteneur acceptant vêtements, chaussures, linge de maison, petite maroquinerie, je me dis que ce serait bien de faire un tri dans mes vêtements et de faire un don des choses que je ne mettais plus, pour les personnes dans le besoin. De retour à la maison, je commençai à faire le tri dans mon armoire et je mis alors la main sur le pull-over récemment acheté. Je me disais que ce serait un beau geste que de le donner, vu son look sympa et son état neuf. En effet, recevoir ce genre de pull-over donnerait forcément de la joie à quelqu'un. Bien évidemment, si je venais à me séparer de mon tout nouveau pull-over, je pourrais m'en acheter un autre pour récompenser ma bonne action. Les jours suivants, je ne cessai de réfléchir quant à mon attitude pour me rendre compte qu'en réalité mon don n'en était pas un. J'avais agi de la sorte pour satisfaire mon ego et non pour venir en aide à un nécessiteux. Ce don n'était qu'un prétexte pour m'acheter un autre pull-over. En effet, si j'avais aimé tellement ce pull-over récemment acheté, je veux dire, s'il avait fait de moi un homme extrêmement élégant recevant compliment sur compliment, est-ce que j'aurais fait ce don ? La réponse est non.

À travers cette histoire bénigne, je venais de comprendre que la purification des actes et la recherche constante de satisfaire Dieu étaient capitales pour la suite de ma vie spirituelle en islam comme joliment dit dans cette phrase : « Tes actes naissent dans le creuset de ton cœur. Si celui-ci est pur, ils seront purs, s'il ne l'est pas, ils seront viciés (12). »

L'être humain se compose d'une partie extérieure et visible, à savoir le corps qui est influencé par une partie intérieure et invisible qui, elle, se compose du cœur, de l'âme et de l'ego (13). Le cœur est l'endroit où réside l'amour, la foi, la connaissance, la conscience, la crainte de Dieu. Par conséquent, quiconque souhaite se rapprocher de Dieu doit purifier son cœur, car il est, dans le serviteur, le « lieu » de la Présence divine (14). « En vérité, il y a dans le corps un morceau de chair dont la santé entraîne celle du corps tout entier et dont la corruption entraîne celle du corps entier : il s'agit du cœur », dit le Prophète Mohammed (15). L'âme et l'ego sont les deux opposés d'un même bâton. Tous deux souhaitent accaparer le cœur de l'homme, chacun selon son idéal. L'âme est consciente du caractère éphémère de ce monde et de sa rencontre avec Dieu, elle souhaite par conséquent inciter le cœur de l'homme à agir de façon vertueuse pour accéder au Paradis. En revanche, l'ego cherche en priorité à assouvir ses désirs présents et reporte constamment ses devoirs vis-à-vis de Dieu. Par exemple, bien que l'ego apprécie la nourriture, il ne renie pas les effets positifs du régime, simplement il préfère privilégier ce qui lui est facile et lui procure du plaisir à l'instant *t* plutôt que de faire des efforts et penser à demain. C'est le sens du terme arabe *djihad*, souvent traduit à tort par « guerre sainte », signifie en réalité « l'effort », « la lutte » ou « la résistance ». Le djihad fait donc allusion à la lutte de l'être humain contre les influences négatives qu'il porte en lui-même (16).

Imaginons un fermier qui nourrit gracieusement ses volailles. En regardant les actes du corps, tout laisse à penser que ce fermier aime affectueusement ses bêtes pour les nourrir de la sorte. Cependant, qu'en est-il des états intérieurs du cœur, est-ce que le fermier nourrit gracieusement ses volailles par amour pour ses bêtes sans attendre un retour (influence de l'âme) ou bien pour obtenir un bon prix à la revente et s'enrichir davantage (influence de l'ego) ? Le but de l'exercice n'est pas de connaître l'intention du fermier, mais de montrer que le corps exécute les ordres qu'il reçoit de l'intérieur. Évidemment, les influences intérieures vont naturellement varier en fonction de la conscience et de l'éveil de chaque personne, comme le souligne Miloud Ismaïli : « Le danger réside dans le fait que les maladies du cœur ne sont pas perçues par les sens et, comme l'homme n'en éprouve aucune douleur, elles se cachent. Difficile donc de les identifier et d'y prêter attention. Les maladies, comme le disait le savant Al-Ghazali, sont comme une lèpre qui recouvre le visage de quelqu'un qui n'a pas de miroir. Si on l'en informe, peut-être ne le croira-t-il pas, il doutera sans doute à leur sujet.

Le croyant qui se méfie de ce qui se trouve à l'intérieur de lui-même, fait le guet, il surveille de près son cœur et son âme (17). »

C'est là tout l'intérêt du soufisme qui consiste à effectuer un travail intérieur, un travail sur son ego, afin que les fruits de ce travail intérieur rejaillissent de façon positive sur les actes extérieurs de l'Homme. Ne dit-on pas : « Avant de semer, il faut labourer. Avant de récolter, il faut attendre que le grain germe (18) » ? De même, les soufis disent que, lorsque la foi touche l'intérieur d'une personne, elle se répercute tôt ou tard sur son comportement extérieur (19). Djalâl ad-Dîn Rûmî interprète le verset : « Pour ces gens, Dieu transforme les mauvaises actions en bonnes actions » en utilisant l'exemple d'un voleur chevronné qui se repentit pour avoir fait différents délits et devint préfet de police. Par la suite, le tout nouveau préfet de police devint le meilleur préfet de police du pays, car il connaissait parfaitement la manière de faire des voleurs (20).

Souvenez-vous de mon anecdote sur l'achat du pull-over, eh bien les questions-réponses échangées intérieurement entre mon âme (la petite voix intérieure disant « donne aux autres ») et mon ego (la petite voix intérieure disant « achète-toi un autre pull-over ») m'ont permis de comprendre deux enseignements prophétiques.

Premièrement, le Prophète Mohammed dit : « Aucun d'entre vous ne sera véritablement croyant jusqu'à ce qu'il aime pour son frère ce qu'il aime pour lui-même (21). » L'ego est calculateur, il ne veut pas se séparer d'une chose qui sert sa cause, sauf s'il obtient un avantage à le faire. On rapporte que l'homme le plus riche de la ville, et détesté pour son avarice, tomba un jour dans la rivière alors qu'il ne savait pas nager et voici que le courant commença à l'emporter. On se précipita sur les berges en entendant ses appels au secours. Les riverains tentèrent de le sortir de là en se penchant et en tendant la main le plus qu'ils purent. Des dizaines de bras se présentèrent ainsi pour qu'il puisse s'y agripper. « Donne ta main, donne ta main, donne ! » cria-t-on à son passage, mais le bonhomme commença à boire sérieusement la tasse sans rien faire pour se sauver. Il était pratiquement trop tard lorsqu'on vit l'imam de la ville, Nasruddin, posté en aval, réussir à le sortir de l'eau. Stupéfaits, les gens lui demandèrent : « Comment as-tu fait ? Sans toi, il était noyé. » Très simple, vous lui disiez : « Donne, donne (ta main) ! » moi, je lui disais : « Prends, prends (ma main) ! » (22) Par conséquent, donner une chose chérie par l'ego est une preuve de sincérité et une victoire de l'âme sur l'ego.

Deuxièmement, le Prophète Mohammed décrit la fausseté de l'ego comme une chose difficile à percevoir puisqu'il la compare à : « Une fourmi noire, sur une pierre noire, par une nuit noire (23). » L'ego est donc trompeur. En effet, il n'hésitera pas à se dissimuler derrière une « bonne » intention pour arriver à ses fins.

On raconte par exemple, qu'un homme vint trouver le calife Omar ibn Al-Khattab et fit l'éloge d'un autre homme. Le calife lui demanda : « Es-tu le plus proche voisin de cet homme que tu loues, de sorte que tu connaisses ses allées et venues ? » « Non. » Le calife poursuivit : « As-tu été son compagnon de voyage, de sorte que tu puisses témoigner de son bon caractère (dans la difficulté du voyage) ? » « Non. » Le calife demanda encore : « As-tu eu affaire à lui pour de l'argent, afin de connaître la piété de cet homme ? » « Non. » Le calife termina en disant : « Je suppose que tu l'as vu se tenir debout à la mosquée, murmurant le Coran et agitant la tête de haut en bas ? » « Oui ». Ce à quoi le calife dit : « Va, car tu ne le connais pas (24). » En islam, faire quelconque acte de bien ne reflète pas réellement la grandeur d'âme d'une personne. Bien au contraire, nous disons que c'est dans les épreuves et dans la difficulté que le caractère d'une personne se révèle véritablement. De plus, preuve que l'ego est fallacieux, même lorsqu'il aspire à faire le bien, il ne peut s'empêcher de penser à lui en premier lieu, comme le souligne Idries Shah en ces termes : « Lorsque les gens entendent parler du soufisme et de notre confrérie, certains désirent passionnément venir participer, en savoir plus, en retirer un avantage. Quand ils ont ce désir, cela signifie toujours qu'ils alimentent leur égoïsme et ne cherchent que leur profit. Ils ont tendance à penser d'abord et surtout à eux (25). » Je le dis et le répète, satisfaire Dieu doit être l'objectif ultime de tous nos actes et paroles, en public comme en privé, seul ou accompagné.

Selon la psychologie soufie, le cœur contient la foi de l'être humain ainsi que son intelligence et sa sagesse. Dans le langage de tous les jours, nous disons bien d'une personne qui a de la compassion qu'elle a « bon cœur » et d'une personne qui n'a pas ou peu de compassion qu'elle a « un cœur de pierre ». C'est la raison pour laquelle le soufisme considère la relation à l'égard de Dieu ainsi que la relation et le service rendu aux êtres humains non croyants et croyants, comme deux disciplines spirituelles fondamentales. En effet, le soufi doit avoir un cœur compatissant, doux, respectueux, sensible et doit développer l'intelligence de son cœur, car cette dernière est plus profonde que l'intelligence du cerveau. On dit que lorsque les yeux du cœur s'ouvrent, ils peuvent voir au-delà de l'extérieur qui n'offre qu'une connaissance superficielle de la chose et lorsque les oreilles du cœur s'ouvrent, elles peuvent entendre la vérité cachée derrière les mots (26).

La méthodologie soufie se veut bienfaisante et progressive, car, lorsqu'un changement s'effectue avec douceur, il n'engendre aucune réaction négative ou révolte intérieure. Un jour, on présenta une personne qui ne faisait pas les cinq prières canoniques à un théologien musulman, ce dernier le mit en garde et lui dit que, s'il persistait, un châtiment douloureux l'attendrait dans l'au-delà. Lorsqu'on présenta le cas de cette personne à un maître soufi, il répondit : « L'éloignement à Dieu et ce qu'il implique comme perte est déjà en soi un terrible châtiment. Je ne peux qu'avoir de la compassion pour cette personne et implorer Dieu pour qu'il revienne vers Lui. »

Le cheminement spirituel, c'est-à-dire le voyage intérieur conduisant l'homme prisonnier de son ego à l'état potentiel d'« homme parfait », peut s'avérer difficile et périlleux pour être accompli seul (27). On dit qu'une personne peut se soigner toute seule, mais qu'elle ne peut pas mener une intervention chirurgicale sans l'aide d'un chirurgien. C'est ainsi que l'homme peut s'auto-administrer des changements intérieurs mineurs, en revanche, il a besoin de l'aide d'un maître spirituel pour mener à bien le processus beaucoup plus difficile et exigeant de la transformation intérieure (28).

Le rôle du maître soufi est de montrer la Voie à son disciple en le faisant passer de l'esclavage de l'ego à la libération spirituelle comme le relate cette histoire. Un marchand avait mis un oiseau en cage. Avant de partir en Inde, pays dont l'oiseau était originaire, il lui dit : « Veux-tu que je te rapporte quelque chose ? » « Tout ce que je veux, c'est ma liberté », répondit le prisonnier. Le marchand refusa. « Alors, dit l'oiseau, peux-tu aller à tel endroit, et annoncer aux oiseaux qui vivent là en liberté que je vis en captivité ? » Le marchand, pendant son séjour en Inde, alla à l'endroit indiqué annoncer la nouvelle. Dès qu'il eut fini de parler, un oiseau sauvage, semblable en tout point au sien, tomba inanimé à ses pieds, de l'arbre où il était perché. Le marchand pensa que ce devait être un proche parent de l'oiseau en cage, et s'attrista d'avoir causé sa mort. Quand il fut de retour, son prisonnier lui demanda s'il apportait de bonnes nouvelles. « Hélas ! non, dit le marchand. Un de tes proches parents n'a pas supporté la nouvelle de ta captivité : quand je l'ai annoncée, il s'est effondré à mes pieds. » À ces mots, l'oiseau s'effondra au fond de la cage. « La nouvelle de la mort de son parent l'a tué lui aussi », pensa le marchand, chagriné. Il le prit et le posa sur le rebord de la fenêtre ; l'oiseau revint aussitôt à la vie et alla se percher sur une branche. « Tu sais maintenant, dit-il au marchand, que ce que tu pensais être un malheur était en réalité pour moi une bonne nouvelle. C'est par toi, mon ravisseur, que le message a été transmis, c'est par ton intermédiaire que m'a été indiqué le moyen de me libérer. » L'oiseau s'envola à tire-d'aile, enfin libre (29).

Dans le soufisme, chaque confrérie est fondée par un grand maître des siècles passés et possède à sa tête un maître spirituel entouré d'un groupe de disciples. Le maître spirituel possède la connaissance de la Voie qui permettra aux disciples de se rapprocher de Dieu et qui lui a été transmise par un maître, qui lui-même l'a reçue d'un maître et ainsi de suite jusqu'à atteindre le Maître des maîtres, le Prophète des prophètes, l'Envoyé de Dieu, Mohammed. De ce fait, tous les maîtres spirituels marchent sur les pas de l'Envoyé de Dieu et portent en eux l'enseignement muhammadien.

Un maître spirituel, est une personne qui, par amour sincère pour Dieu, est parvenue durant son passage sur Terre à dompter et à éduquer son ego. En retour, Dieu lui donne la possibilité de Le servir davantage et d'augmenter davantage son rang auprès de Lui, en le chargeant d'aider les autres dans l'éducation de leur ego pour qu'eux aussi se rapprochent de Dieu. La relation dans laquelle évoluent le maître et son disciple est une relation d'amour. En effet, le maître devient le père spirituel qui guide son disciple pour corriger ses états intérieurs et l'aide à trouver la Voie menant à Dieu, compte tenu de ses forces et ses faiblesses intérieures. Une histoire dit qu'un paysan travailleur et généreux avait plusieurs fils, tous paresseux et avides. Sur son lit de mort, il leur dit que son trésor était enfoui dans un champ dont il leur indiqua l'emplacement. Dès qu'il eut trépassé, les fils s'y précipitèrent et le retournèrent d'un bout à l'autre, avec une concentration et une inquiétude croissante. Ils durent se rendre à l'évidence : le champ ne recélait pas le moindre trésor. Ils pensèrent que leur père, dans sa générosité, avait distribué l'or de son vivant, et abandonnèrent leur recherche… Leur vint peu après à l'esprit cette idée : « Puisque la terre a été travaillée, pourquoi ne pas l'ensemencer ? » Ils semèrent du blé, la moisson fut abondante ; ils vendirent le grain, et connurent une année prospère. Puis ils repensèrent au trésor, se dirent qu'ils avaient peut-être manqué de peu l'or enfoui et se remirent à creuser, à retourner la terre de ce champ et des autres, avec le même résultat. Plusieurs années s'écoulèrent. Les fils s'étaient accoutumés au travail, avaient pris conscience du cycle des saisons. Maintenant, ils comprenaient la raison pour laquelle leur père les avait incités à retourner la terre. Ils devinrent d'honnêtes et d'heureux agriculteurs, suffisamment riches pour ne plus avoir à penser au trésor caché. L'histoire nous montre que le maître, confronté à l'impatience et à l'avidité de ses disciples, doit les guider vers une moralité dont il sait qu'elle sera constructive et bénéfique bien que la fonction et la finalité véritables leur soient souvent cachées à cause de leur immaturité face à l'ego (30).

La voie soufie implique pour les disciples d'accomplir en premier lieu tous les commandements divins (accomplir les obligations et s'éloigner des interdictions), puis d'accomplir divers actes surérogatoires en vertu des propos du Prophète qu'il tint de Dieu directement : « Mon serviteur ne cesse de se rapprocher de Moi par des œuvres surérogatoires jusqu'à ce que Je l'aime (31). »

Dans ma quête spirituelle, Dieu me dirigea vers la voie soufie « Naqshbandiyya » dont les disciples, par exemple, s'engagent à réciter chaque matin et chaque soir des versets du Coran et des invocations pour fortifier leur lien avec Dieu. Ils s'engagent également à pratiquer quotidiennement « le rappel de Dieu » (en arabe, *zikr*) qui consiste à se souvenir de la mort, synonyme de retour au Créateur, puis de répéter des litanies de façon silencieuse à la gloire de Dieu par centaines, par milliers.

En effet, le fait de se rappeler la mort nous rappelle que la mort est une réalité et que nous devons scruter continuellement nos états intérieurs et extérieurs pour éviter de commettre des fautes graves susceptibles de nous faire perdre l'amour de Dieu.

Il me semble important de préciser que cheminer dans la Voie, ne doit jamais devenir une source d'orgueil, ni pour le maître, ni pour le disciple. Dans ce sens, Djalal ad-Din Rumi dit : « Les maîtres spirituels véridiques détruisent les idoles que les disciples font d'eux. L'un des signes de la sincérité des maîtres est qu'ils ne permettent pas aux disciples qu'ils les mettent sur un piédestal (32). » Au cours des premiers siècles de l'islam, les maîtres spirituels se qualifiaient rarement eux-mêmes de « soufis », tant ce mot supposait de qualités (33). Par exemple, on raconte que le maître soufi Kharaqani se trouvait un jour dans l'hospice [endroit dont la fonction est de donner l'hospitalité aux malades et voyageurs] avec quarante derviches. Ils n'avaient plus rien à manger depuis une semaine. Un inconnu frappa à la porte. Il apportait un sac de farine et un mouton. « J'ai apporté ça pour les soufis ! » cria l'homme. Ayant entendu la nouvelle, le maître déclara : « Que celui qui se prétend soufi accepte ! Quant à moi, je n'ai pas l'audace de me moquer du soufisme. » Les bouches des derviches restèrent closes et l'homme repartit avec sa farine et son mouton (34).

Enfin, l'altruisme occupe une place centrale dans l'enseignement soufi, alors que l'individualisme est mis au ban. En effet, la pluie que Dieu envoie se déverse bien sur la Terre entière comme l'expose le Coran : « Dieu déchaîne les vents pour soulever les nuages qu'Il étend dans le ciel comme Il veut et qu'Il met en fragments [compacts]. Tu vois alors la pluie sortir de leurs seins, quand Il atteint avec elle qui Il veut de Ses serviteurs, les voilà en liesse (35). » Pourquoi notre amour serait-il orienté que vers ceux qui nous ressemblent et non vers ceux qui nous sont différents ? Comme l'écrit l'islamologue Éric Geoffroy : « Si les spirituels, toutes religions confondues, se retirent du monde plus ou moins longtemps, le soufi a vocation à revenir parmi les hommes pour se mettre au service de l'humanité. Il suit ici, comme les autres aspects de sa vie, le modèle muhammadien du contemplatif engagé dans le monde. Les premiers soufis se sont précisément démarqués des "ascètes" musulmans qui refusaient le monde (36). » Le soufi ne cherche pas à se retirer du monde, bien au contraire, il accepte son destin et cherche à développer ses qualités spirituelles dans les circonstances où Dieu l'a placé (37). Voici l'histoire de deux frères. L'aîné était un ascète qui adorait Dieu du matin au soir et le cadet était un paysan qui travaillait dans les champs du matin au soir pour nourrir sa famille ainsi que son grand frère. Un soir, avant de s'endormir, l'ascète demanda à Dieu de lui indiquer qui, de lui ou de son frère, Il appréciait le plus. Pendant la nuit suivante, l'ascète vit son frère en songe. Je conclus avec cette citation qui résume l'esprit de la voie soufie : « Le soufi n'est pas un vrai soufi jusqu'à ce qu'il se sente responsable de toute l'humanité (38). »

chapitre 7.

LE WAHHABISME ET LE SALAFISME

Quand j'évoque le thème du wahhabisme lors de mes ateliers de discussion avec des adolescents, j'aime commencer la discussion en posant la question suivante: « Dans quel pays dois-je me rendre pour manger les meilleures pizzas ? » En règle générale, tout le monde répond sans hésitation : « l'Italie ! » Puis, je demande qu'ils justifient cette réponse : « Savez-vous qui a inventé la pizza? Pour quelle occasion? Avez-vous déjà visité l'Italie? » La réponse est sans appel, personne n'a jamais mis le pied en Italie et personne ne sait que c'est le chef italien Raffaele Esposito qui prépara la toute première pizza Margarita faisant référence aux couleurs du drapeau italien (tomate, fromage, basilic) en l'honneur de la reine d'Italie, Marguerite de Savoie. Je poursuis en leur disant que: « dans la recherche de la connaissance, il faut distinguer un fait, qui représente la réalité, et une opinion, qui représente un jugement, une croyance venant de nos idées, de nos observations ou parfois même venant de l'influence d'autrui. Face à certains sujets, comme celui d'aujourd'hui, il est important d'emprunter le chemin de la vérité et non celui de l'avis personnel. De manière générale, il est bon de garder un esprit critique face à ce que vous entendez ou lisez. » Nous continuons la discussion et je pose la question suivante : « Dans quel pays dois-je me rendre pour voir le meilleur islam ? » Avant qu'ils puissent répondre, je leur dis que « Si je suis le schéma de pensée précédent, je suppose que vous allez me répondre l'Arabie saoudite, puisque c'est là-bas que tout a commencé ? » Les adolescents se rendent compte qu'ils sont sur le point de commettre la même maladresse qu'avec la question sur la pizza, puisque personne n'a jamais mis le pied en Arabie saoudite et que leur connaissance de l'histoire de l'islam s'avère limitée. Je conclus l'exercice en leur disant : « Vous pouvez être français, vivre en France et être aimé de Dieu. À l'inverse, vous pouvez être saoudien, vivre en Arabie saoudite et ne pas être aimé de Dieu. Gardez à l'esprit que la personne la plus aimée de Dieu est celle qui se souvient de Lui dans toutes les circonstances et lutte contre son ego afin de ne pas s'écarter de Son chemin. »

Pour en revenir à notre sujet, historiquement, l'idéologie du wahhabisme prend naissance au XVIIIe siècle, au centre de l'Arabie saoudite, dans la région centrale du Najd, et porte le nom de son fondateur, à savoir Mohammed ibn Abd al-Wahhab (1703-1792). Le wahhabisme prend source dans le courant de pensée du « hanbalisme », école de jurisprudence de l'islam sunnite et s'inspire de manière sélective sur les travaux théologiques d'ibn Taymiyya (1263-1328), théologien et jurisconsulte que l'on présente aujourd'hui, à tort en raison de la manipulation de ses écrits, comme l'ancêtre du wahhabisme (1).

À la suite de quelques voyages en Arabie, Mohammed ibn Abd al-Wahhab estime que la situation religieuse dans la péninsule arabe est en perdition. Il estime que les Arabes sont en train de subir la colère divine et incrimine leur attitude religieuse défaillante comme raison première de la dégradation de la situation économique du pays.

Il souhaite également reprendre le califat de l'Empire ottoman qu'il accuse d'entacher la religion et lui faire retrouver la pureté originelle des trois premiers siècles de l'islam. Pour ce faire, Mohammed ibn Abd al-Wahhab s'engage à lutter farouchement contre toutes les innovations religieuses – que lui seul aura déterminées et interprétées comme telles – qui conduisent les musulmans de la péninsule arabe à la décadence et s'engage à faire de l'unicité de Dieu la notion centrale de son idéologie.

Comme le souligne Khaled Bentounès : « L'idée maîtresse de ce radicalisme est donc que l'islam ne peut retrouver sa grandeur qu'en revenant à l'époque où son idéal était pur, sans l'apport d'aucune pensée philosophique, morale ou spirituelle. Selon les wahhabites, il est impératif de suivre la lettre avec une rigueur extrême, sinon nous serons condamnés à être les éternels damnés qui ont trahi le message originel de l'islam délivré par le prophète Mohammed. Pour y parvenir, il faut rejeter toute tentative d'innovation. Mais en agissant ainsi, cette doctrine a définitivement fermé les portes à toute perspective d'évolution de la société musulmane, reniant son brillant passé philosophique, théologique, spirituel et artistique (2). »

Mohammed ibn Abd al-Wahhab commence à prêcher dans le Najd, sa région d'origine, auprès des Bédouins du désert. Grâce à son prosélytisme, il accueille dans ses rangs certains Bédouins, dont les membres de la puissante tribu des Saoud avec l'émir Mohammed ibn Saoud. Les deux hommes s'utilisent l'un l'autre pour faire croître leurs ambitions personnelles et scellent un pacte matérialisé par le mariage du fils de Mohammed ibn Saoud avec la fille de Mohammed ibn Abd al-Wahhab, dont le but est d'unir leurs efforts pour prendre le pouvoir politique et religieux sur une partie de la péninsule arabique.

À travers ce pacte, appelé « le pacte de Najd », Mohammed ibn Abd al-Wahhab prend la tête des affaires religieuses et Mohammed ibn Saoud prend la tête des affaires politiques et militaires. Une fois le rôle de chacun défini, les attaques intérieures s'enchaînent les unes après les autres, d'une façon désordonnée et dans toutes les directions (3). Au cours de ces nombreux assauts, les wahhabites saccagent les plantations, détruisent les récoltes, démolissent les habitations, pillent les richesses, détruisent les vestiges historiques et islamiques – puisque tous les souvenirs du passé en relation avec le Prophète Mohammed et ses compagnons doivent être détruits pour éviter l'idolâtrie –, massacrent les hommes, les femmes, les enfants et éventrent également les femmes enceintes qui refusent d'embrasser le wahhabisme (4). La règle est simple, soit les musulmans se repentent et se convertissent au wahhabisme soit ils meurent, car le meurtre est légitime contre les impies (5).

Pourtant, l'une des vérités fondamentales établies par le Coran et la tradition prophétique stipule que nul ne peut être forcé à accepter et suivre l'islam comme religion, comme l'exposent les versets du Coran suivants : « Pas de contrainte en religion (6) » ou encore : « À vous votre religion et à moi ma religion (7). » Dans ce sens, Khaled Bentounès écrit que : « La spiritualité ne peut s'exprimer et se vivre que dans un espace de liberté. En effet, plus l'être humain vit dans un système de contraintes, plus la spiritualité se dissipe. On se dirige alors davantage vers la religiosité, car un pouvoir contraignant, quel qu'il soit, ne peut laisser s'exprimer et prospérer la spiritualité. Dès que le dogmatisme ou la lettre prennent le pas sur l'esprit, la société devient plus rigide, intolérante, et manque de confiance en elle (8). »

Par la suite, Mohammed ibn Abd al-Wahhab et Mohammed ibn Saoud continuent de mener des campagnes militaires à travers la péninsule arabique à la tête d'une armée de Bédouins de plus en plus importante et ils finissent par prendre les lieux saints de la Mecque, puis Médine, par la force et l'épée (9). Le Royaume d'Arabie saoudite est donc sur le point de voir le jour et, chose non anodine, le sabre apparaît sur le drapeau, sous la profession de foi islamique. Je dois avouer être profondément attristé par la symbolique de cet étendard. Comment peut-on faire apparaître le sabre, symbole militaire, symbole de conquête, accolé aux mots « Allah » et « Mohammed », symboles de l'amour, de la miséricorde, de la paix, de la vie ?

L'islamologue Hamadi Redissi met en avant plusieurs éléments qui contribueront par la suite à la fortification du Royaume d'Arabie saoudite. Tout d'abord, le pétrole donnera aux wahhabites des moyens économiques pharamineux. Ensuite, l'avion apportera des contingents de plus en plus nombreux de pèlerins séduits par les infrastructures ultramodernes du royaume et accueillis par des religieux prosélytes. En effet, il est important de montrer aux personnes du monde entier que les wahhabites ont la faveur divine (en arabe, *baraka*), traduite par une grande richesse matérielle. Pourtant, le Prophète de l'islam habituait les gens à ne pas faire de la richesse un critère utilisé pour établir une échelle des valeurs. En effet, si les biens matériels sont indispensables à l'homme pour subsister, ils n'augmentent aucunement sa dignité, puisque les biens ne sont que des moyens et non pas l'objectif de la vie (10). On peut aussi parler de l'investissement dans les médias (chaînes de télévision et journaux) dont le rôle consistera à promouvoir l'idéologie wahhabite dans les pays arabes et dans le reste du monde (11). Enfin, les wahhabites accordent une grande importance à l'éducation religieuse et à la propagation de leur idéologie puisqu'ils financent différentes causes dont voici une liste non complète : centres islamiques, universités, écoles, mosquées, édition de livres, bourses aux étudiants étrangers.

L'unicité divine (en arabe, *tawhid*), bien qu'étant un pilier fondamental de la religion musulmane, est le seul pilier du wahhabisme, faisant de toutes celles et tous ceux ayant un avis contraire à cette représentation, soit des vrais croyants (les wahhabites) ou bien des apostats ou des mécréants (les non-wahhabites). Pourtant, comme le souligne le philosophe Abdennour Bidar : « Il y a en islam, autant de voies droites, vraies et justes qu'il y a de choix spirituels réfléchis et sincères. Tous ces choix sont égaux, et nul n'a le droit d'imposer à un autre croyant sa propre démarche (12). »

Souvenez-vous le récit de la rencontre entre l'ange Gabriel et le Prophète Mohammed. À travers ses réponses, le Prophète Mohammed présenta les trois branches des sciences islamiques de manière que les croyantes et les croyants puissent comprendre la religion de l'islam comme enseignée et pratiquée par le Prophète lui-même. Lorsque l'ange Gabriel questionna le Prophète sur l'islam, sa réponse fit référence au pilier de l'islam et à la jurisprudence (en arabe, *fiqh*). Lorsque l'ange Gabriel consulta le Prophète sur la croyance, sa réplique fit allusion au pilier de la foi et au dogme (en arabe, *aqida*). Enfin, lorsque l'ange Gabriel interrogea le Prophète sur l'excellence, sa réponse fit référence à l'éducation spirituelle, appellation qui prendra par la suite le nom de soufisme (en arabe, *tassawouf*) (13). En dépit de ce récit prophétique, les wahhabites présentent un islam appauvri, dépouillé de son humanisme et de sa spiritualité dans lequel l'interdiction et la négation sont les principaux leviers dont voici certains exemples (14).

Tout d'abord, la pluralité des quatre écoles de jurisprudence sunnites (hannafite, hanbalite, malikite, chaféite) et la divergence d'avis sont rejetées dans le wahhabisme. La seule voie possible est celle tracée par les wahhabites, car les autres mènent à l'égarement. Comme écrit par le docteur en sociologie Anouar Thabet : « Les termes "obliger" et "punir" sont l'essence même de la relation coercitive qui lie les wahhabites et leurs "sujets". Jamais les wahhabites n'ont encore dérogé à cette règle qu'ils agrémentent de leurs directives et conseils religieux en tous genres. Les wahhabites ne sont-ils pas des sunnites ? Ne suivent-ils pas l'enseignement de l'école de jurisprudence de l'Imam Ahmad ibn Hanbal ? Ils le disent, en effet, mais ils dérogent à toutes les règles. Aucun des quatre Imams, fondateurs des quatre écoles de jurisprudence, n'a appelé à défendre son propre enseignement, ni ne l'a défendu avec fanatisme au point de contraindre les musulmans à le suivre. Les quatre Imams ont appelé à suivre le Coran et la Sunna du Prophète, c'est tout. Dans le monde wahhabite, la notion de choix n'existe plus. Le fouet l'a remplacée (15). » Le Prophète de l'islam n'a-t-il pas dit : « Quand je prononce un mot, je pense aux soixante-dix sens qu'il possède », livrant ainsi aux méditations des fidèles un vaste champ d'investigation et d'appréciation adapté au degré d'évolution de chacun (16).

De plus, l'idéologie wahhabite rejette également le soufisme, voyant dans les enseignements soufis des dérives idolâtres. Pour le théologien Mohammed Saïd Ramadan Al-Bouti, le mot soufisme désigne une pratique ancienne dont l'unique but est de purifier l'âme du croyant de toute imperfection. Des siècles avant lui, le juriste et soufi Ahmad Zarruq disait que : « Le soufisme ne signifiait rien d'autre que la sincérité dans le cheminement vers Dieu (17). » Pour montrer que le soufisme serait une innovation condamnable, certains wahhabites s'attardent sur le nom donné au soufisme, n'existant pas durant le vécu du Prophète de l'islam. Quelle belle réponse aux détracteurs de la spiritualité musulmane que celle-ci : « Certains disent que le soufisme est une innovation parce que les compagnons n'ont jamais connu une chose qui s'appelait ainsi. Pourquoi ne pas se contenter de ce qu'ils faisaient ? La réponse est simple : les compagnons ont-ils connu une chose qui s'appelait les sciences du hadith ? Connaissaient-ils ce qu'on appelle la grammaire aujourd'hui ? Existait-il parmi eux des spécialistes de la rhétorique arabe ? Et qui demanderait aux hommes de ne plus étudier la grammaire, la conjugaison, la rhétorique, les sciences de la tradition prophétique (*hadith*), l'art de lire le Coran (*tajwid*), juste parce que les compagnons ne les connaissaient pas ? Rien ne pourrait y pousser si ce n'est l'idiotie ou l'égarement, la partisanerie ou la duperie, le fanatisme ou la méconnaissance (18). » Depuis la naissance du wahhabisme, Mohammed ibn Abd al-Wahhab ne cessa d'évoquer un retour à un prétendu islam originel, épuré de presque toute la production islamique élaborée au cours des siècles précédents. Cependant, comme le souligne l'islamologue Éric Geoffroy : « La contradiction est flagrante, comment se dire "sunnites", c'est-à-dire fidèles au modèle du Prophète, à la tradition prophétique, dès lors qu'on éradique les traces de la vie et de l'action de Mohammed (19) ? »

Ensuite, l'idéologie wahhabite rejette aussi l'autorité dans l'apprentissage. Il faut savoir qu'en islam, n'est pas professeur en théologie qui veut. Dès lors qu'une personne désire enseigner une ou plusieurs sciences religieuses à autrui, elle devra au préalable en avoir eu l'autorisation (en arabe, *ijaza*) auprès d'un savant qui devra être lié à une chaîne de transmission (en arabe, *isnad*) remontant jusqu'au Prophète Mohammed. Exemple avec le Coran ; Dieu transmis Sa parole à l'ange Gabriel qui fut chargé de la transmettre au Prophète Mohammed. Par la suite, le Prophète Mohammed enseigna le Coran à ses compagnons et, à leur tour, les compagnons transmirent le Coran à leurs successeurs, et ainsi de suite jusqu'aux savants d'aujourd'hui qui ont pu acquérir les sciences islamiques par l'intermédiaire de ces chaînes ininterrompues. Cette méthode de transmission a ainsi préservé la religion de l'islam des falsifications, des erreurs et des innovations. Sur ce sujet, l'érudit Abd Allah ibn al-Mubarak affirme que : « La chaîne de transmission fait partie de la religion et s'il n'y avait pas de chaîne de transmission, chacun dirait ce qu'il veut (20). » Or, sur ce sujet, nous sommes en droit de nous interroger sur la légitimité des religieux wahhabites quant au fait d'enseigner et de délivrer des avis juridiques (en arabe, *ijazah al-tadris wa al-ifta'*).

Enfin, je me demande comment Mohammed ibn Abd al-Wahhab peut être considéré par certains musulmans comme un théologien de renom, dont les ouvrages d'ailleurs sont toujours imprimés et proposés dans les librairies, alors qu'au regard de ce que nous enseigne l'histoire, lui et son idéologie sont à l'origine de la mort de milliers de musulmans, morts pour n'avoir pas suivi l'idéologie wahhabite ! En réalité, je pense tout simplement que l'ultraminorité des personnes qui suivent l'idéologie wahhabite ignore tout de son histoire. Est-ce qu'ils savent par exemple que les wahhabites, alléchés par l'idée que le dôme, le globe et le croissant du sépulcre du Prophète Mohammed soient en or massif, y grimpèrent et tentèrent de le détruire ? C'est uniquement la chute mortelle de l'un d'entre eux qui détourna les wahhabites superstitieux de ce projet destructeur (21).

Aujourd'hui, s'il y a un mot qui revient souvent dans la société c'est celui de *salafisme*. Il est légitime de se poser la question suivante : Est-ce que le salafisme et le wahhabisme sont des idéologies communes ou distinctes ? Je vais tenter d'apporter des éléments de réponses qui n'engagent que moi. Le salafisme vient du mot « prédécesseur » (en arabe, *salaf*) qui possède une connotation positive, car il fait allusion à celles et ceux qui font partie de la meilleure époque de l'islam, à savoir les trois premiers siècles après le début de la Prophétie, considérés par tous les savants de l'islam comme une période bénie. Le Prophète lui-même vante cette période de l'histoire puisqu'elle va servir de référence pour l'édification des sciences islamiques : « Les meilleures gens sont ceux de ma génération, puis ceux qui les suivent, puis ceux qui les suivent (22). »

Je vais emprunter un propos du Prophète Jésus pour donner mon avis sur le sujet : « On juge l'arbre aux fruits qu'il donne. » Dans ce sens, je dirais que le salafisme n'est ni plus ni moins, l'arbre pacifiste qui cache la forêt de l'idéologie wahhabite, puisque l'enseignement religieux prend sur plusieurs aspects, racine dans le wahhabisme (23). D'ailleurs, en utilisant le mot salafisme, les wahhabites tentent un coup marketing puisqu'ils tentent de renvoyer une image positive, que l'idéologie ne représente absolument pas, pour attirer des fidèles de différents pays du monde. Les salafis, tout comme les wahhabites, estiment que leur idéologie est la seule qui soit conforme à l'enseignement des prédécesseurs. Celles et ceux qui ne suivent pas le mouvement salafiste ne suivent donc pas la voie des prédécesseurs (en arabe, *minhaj as-salafiyya*) et sont donc des égarés, des ignorants dont Dieu se chargera dans l'au-delà. En effet, l'affaire est laissée à Dieu, car étant un groupe minoritaire avec peu de poids, les salafis ne peuvent pas miser sur un changement par la force, comme les wahhabites le font en terrain conquis.

Cependant, une question de taille se pose. Comment peut-on accuser d'égarement, ou encore d'impiété, celui qui atteste qu'il n'est de dieu que Dieu et que Mohammed est son Prophète et qui respecte les cinq piliers de l'islam ? Comment peut-on prétendre savoir qui suit la voie des pieux prédécesseurs et qui ne la suit pas en dépit du verset : « Ton Seigneur sait mieux que personne qui est celui qui s'égare de son sentier ; Il sait le mieux qui est dans la droite voie (24). »

J'ai déjà pu entendre à la radio ou à la télévision que le salafisme est un mouvement dont les adeptes se caractérisent par une lecture littéraliste des textes. Je pense que ce propos est juste, mais incomplet. Tout d'abord, il faut savoir que le corpus des sciences religieuses islamiques est considérable et que les adeptes du salafisme ne lisent de façon littérale que les textes qui servent l'idéologie salafiste (validés par les religieux wahhabites), en délaissant tous les autres. Ensuite, je m'interroge quant à la méthode des religieux salafis pour extraire de ces morceaux choisis des avis juridiques (en arabe, *fatwa*) qui ne collent absolument pas avec le message coranique et prophétique. Par exemple, une loi religieuse interdit aux enfants de dessiner un quelconque personnage ou animal durant toute leur scolarité, alors qu'on leur impose les portraits des Saoud sur chaque billet de banque (25).

Le salafisme, comme le wahhabisme, n'est pas du tout un mouvement traditionnel, c'est totalement le contraire, il refuse l'islam traditionnel, il refuse la tradition, il cherche à dynamiter le passé au profit d'un passé fantasmé (26). Malheureusement, aujourd'hui le terme *salafis* possède une connotation péjorative dans la société, alors que son sens initial a été détourné. En réalité, je pense que tous les musulmans éveillés et sincères sont d'une certaine manière des « salafis », puisqu'ils aspirent à côtoyer le meilleur islam, l'islam originel, celui représenté par la sagesse des femmes et des hommes des trois premiers siècles. Face à cela, la communauté musulmane dans sa globalité doit se responsabiliser, car nous, musulmanes et musulmans sunnites, sommes les premiers responsables de ce qui arrive à l'islam aujourd'hui, comme l'évoque Tahar Ben Jelloun : « Il est temps que les autres autorités religieuses musulmanes dans le monde s'élèvent contre l'utilisation abusive de certains versets. L'islam ne peut en aucun cas servir d'alibi à ceux qui entreprennent de commettre des crimes odieux. Cela, on a beau le dire et le répéter, c'est l'islam même qui est aujourd'hui perçu comme une “idéologie de la terreur”. L'islam wahhabite est un islam anachronique et obscurantiste. Cette lecture rétrograde du Coran est en permanence en butte à la modernité. Elle est caricaturale, sans imagination, dénuée de symbolisation, sans intelligence (27). »

La fraternité en islam demande de la franchise. Une critique sincère est préférable à un mauvais conseil et, contrairement à ce que l'on voudrait nous faire croire, critiquer l'idéologie wahhabite ne revient pas à critiquer l'islam, car le wahhabisme, je le rappelle, est la pensée personnelle d'un seul homme. Le wahhabisme naquit dans la rébellion et le massacre en dépit de la parole prophétique suivante : « Par Dieu, Nous ne confions pas l'autorité à ceux qui la réclament ni à ceux qui la convoitent (28). » Pourtant, aujourd'hui, toute critique, manifestation ou rébellion contre l'autorité saoudienne est absolument interdite alors que « tout individu a droit à la liberté d'opinion et d'expression» nous rappelle la Déclaration universelle des droits de l'homme. N'ayons pas une vision de la liberté d'expression à géométrie variable qui consisterait à louer les phrases élogieuses nous concernant et faire taire les critiques par l'insulte, la menace et la violence lorsqu'elles nous déplaisent. Bien au contraire, comme l'écrit merveilleusement bien le maître soufi Al-Bouti : « Les critiques que l'on te fait ou les reproches que l'on t'adresse renferment dans tous les cas un grand bien pour toi. Il a été rapporté que le second calife de l'islam, Umar ibn Al-Khattab disait : "Que Dieu fasse miséricorde à celui qui me montre mes défauts". Chacun d'entre nous doit être le premier à se dire cela. Celui qui connaît clairement les failles, les défauts, et les vices personnels qui le dominent, ne peut douter de la vérité contenue dans les critiques ou les reproches qu'on lui fait. Il se peut même qu'il remercie ceux qui les lui adressent (29). » Ce n'est pas parce que certains pays musulmans, comme l'Arabie saoudite, utilisent le Coran comme base législative que l'interprétation du texte coranique qui est faite s'avère conforme à l'islam originel souhaité par Dieu et son Prophète, bien au contraire.

Dans cette logique, j'aimerais que les musulmans ne descendent pas uniquement dans la rue pour hâter le processus de paix dans le conflit israélo-palestinien, mais qu'ils manifestent également contre la guerre menée par l'Arabie saoudite au Yémen, qui tue des milliers d'êtres humains, qu'ils manifestent aussi contre les massacres perpétrés par l'État islamique ou même, dans un autre registre, qu'ils protestent dans la rue contre les violences faites aux femmes ou encore contre le réchauffement climatique. En fait, nous devons nous indigner contre toutes les injustices faites aux êtres humains, peu importe leur croyance, et nous devons œuvrer pour toutes les causes qui visent le bien de l'humanité et la paix dans le monde. En effet, soyons justes, honnêtes et surtout cohérents avec les valeurs humaines et les principes de l'islam, comme l'écrit Abdou Filali Ansary : « Le problème n'est même pas de savoir si l'islam est valable en tout temps et tous lieux, car toutes les religions sont tenues pour telles. Il est plutôt de savoir si les musulmans d'aujourd'hui ont les attitudes qui conviennent à leur temps (30). »

Je le dis et le répète, la communauté musulmane dans sa globalité doit se responsabiliser, car, qu'on le veuille ou non, nous sommes tous dans le même bateau et il y a aujourd'hui une confusion qui règne entre le wahhabisme et l'islam que les musulmans doivent dénoncer comme l'écrit Khaled Bentounès : « L'islam est avant tout un état d'abandon confiant à la volonté divine et à la sacralité de la vie. Le danger actuel, c'est que l'on ne parle que d'islamisme, un terme fourre-tout, qui à force de répétition désigne confusément l'islam dans l'esprit d'un grand nombre. N'oublions pas que le message du Prophète s'adressait à des consciences libres d'adhérer ou pas (31). » Les extrémistes de tous bords tentent de présenter l'islam sous le prisme du wahhabisme et de présenter tous les musulmans comme des fous de Dieu, obsédés par l'idée de combattre les mécréants présents dans les autres pays avec des principes non islamiques (en arabe, *Dar al-Harb*) afin de reprendre leurs terres et de les transformer en pays avec des principes islamiques (en arabe, *Dar al-Islam*). Pourtant, loin de ces hallucinations, Dieu demande bien aux êtres humains d'apprendre à se connaître et de faire preuve d'un comportement exemplaire, positif et respectueux comme le montre ce verset du Coran : « Ô humanité, sûrement Nous t'avons créée d'un homme et d'une femme, et fait de vous des tribus et des familles de sorte que vous puissiez vous connaître les uns les autres. Sûrement le plus noble d'entre vous auprès de Dieu est le plus obéissant d'entre vous. Sûrement Dieu est Celui Qui sait, Qui est au courant (32). »

Dans notre contexte actuel, je pense que réfléchir à la moralité du Prophète de l'islam s'avère fondamental pour sortir notre monde de l'obscurantisme. À ce sujet, le Prophète Mohammed dit : « Cette science [faisant allusion à la science de la tradition prophétique] est la voie à suivre, regardez donc de qui vous la prenez (33). » À la jeunesse musulmane, je dirais qu'il est nécessaire d'être très rigoureux lors de ses recherches religieuses sur internet, car l'idéologie wahhabite est bien présente sur le Net, souvent même dans les premiers résultats suggérés par Google. Je vous conseille d'avoir en tête le nom des maisons d'éditions saoudiennes et le nom des auteurs wahhabites qui proposent des livres sur tous les sujets à des prix très bas dans un grand nombre de librairies. Enfin, il faut être vigilant quant à la personne à qui vous posez des questions relatives à l'islam, car ses réponses peuvent vous orienter vers un chemin contraire à celui que Dieu et son Prophète préconisent.

chapitre 8.

ISLAM PAR CONVICTION ET PAR HÉRITAGE

Comme mentionné en introduction de cet ouvrage, je pense qu'une religion, quelle qu'elle soit, ne peut être jugée qu'en prenant pour principal critère l'attitude des personnes qui sont censées la professer ou la représenter. Le théologien et imam, Mohammed Bajrafil écrit ainsi : « L'islam n'a pas d'autres tares que celles des musulmans. On ne le présente pas au monde comme il est. On ne l'enseigne pas comme on devrait. Pire, on ne le connaît pas comme on devrait (1). »

Aujourd'hui, un grand nombre de musulmans se considèrent comme tels parce qu'ils sont nés dans une famille musulmane. Leurs liens avec l'islam ont notamment été acquis par héritage et, parfois, ni la famille ni les enfants ne connaissent la véritable valeur de leur appartenance à l'islam, ni même leurs devoirs en tant que musulmans (2). Or l'islam demande justement que chaque être humain, individuellement et volontairement, prouve son adhésion au message de l'islam par la recherche de la connaissance et sa mise en pratique. En effet, il y a une grande différence entre une chose que l'on choisit (l'islam par conviction) et une chose que l'on subit (l'islam par héritage) (3). D'où l'interrogation du maître soufi Abdel Qader Jilani : « Comment oses-tu t'appeler musulman, alors que le Coran et la tradition prophétique t'ont imposé des commandements et que tu ne les as pas suivis (4) ?! »

Je vous raconte une histoire personnelle. Alors que le soleil brillait et que la température avoisinait les trente degrés, un groupe de copains composé de personnes musulmanes et non musulmanes décida d'organiser un barbecue près d'un lac en fin d'après-midi. En milieu d'après-midi, une personne du groupe, surnommée Momo, passa un coup de fil pour prévenir le reste de la bande qu'en raison d'un imprévu professionnel, il quitterait le travail plus tard et ne pourrait pas se charger de préparer le feu ni s'occuper des grillades. De ce fait, il confia cette tâche à une autre personne et le somma de bien faire cuire les merguez halal sur la grille avant les merguez non halal. La personne acquiesça. Lorsque Momo arriva en fin d'après-midi, il constata que les merguez non halal étaient déjà cuites alors que les merguez halal venaient tout juste d'être mises sur la grille. Il devint rouge de colère et tint les propos suivants : « @#!!$% mais je vous avais demandé de faire cuire d'abord les merguez halal. Ce n'est pas possible d'être aussi @#!!$% sur la vie de ma mère ! La grille est sale à cause de votre @#!!$% de viande et vous avez posé les merguez halal dessus. Le Coran de la Mecque je suis trop énervé. Vas-y, frère, @#!!$% file-moi une bière. »

C'est une évidence que je préfère rappeler, les devoirs à remplir pour justifier de son appartenance à l'islam vont bien au-delà que de porter un prénom arabo-musulman ou bien manger de la viande abattue conformément au rituel islamique comme le stipule à nouveau Mohammed Bajrafil : « La foi, je te le répète et te le répéterai, ne peut pas être quelque chose dont on hérite ni quelque chose que l'on impose. Elle cesse d'être dès lors qu'elle n'est pas le fruit de notre effort ; dès lors qu'elle ne naît pas de notre intellect. » La foi de celui qui croit par suivisme fait depuis très longtemps l'objet de débats dans la théologie musulmane. Le grand théologien et jurisconsulte du XIVe siècle, Sa'ad al-Taftazani, écrit que : "Le transmetteur que l'on suit peut mentir à celui à qui il s'adresse". La foi en Dieu doit avoir un minimum de logique. Croire bêtement est un non-sens, une non-foi absolue revendiquée par beaucoup aujourd'hui, hélas (5). »

Je pense que nous, musulmanes et musulmans, ramons à contre-courant. En effet, dans un grand nombre de mosquées, les jeunes musulmanes et musulmans mémorisent des parties du Coran en arabe et les récitent par la suite dans les prières canoniques en arabe alors que, pour beaucoup, ils ne comprennent pas cette langue. Nous privilégions la mémorisation du message coranique au détriment de son explication et de sa compréhension, bien que le Coran soit très clair à ce sujet : « [Le Coran est] un Livre béni que Nous t'avons révélé [ô Prophète] pour que les hommes méditent sur ses versets (6) (7). » Le quatrième calife de l'islam, Ali ibn Abi Talib dit à ce propos : « Sans réflexion, il n'y a pas de bienfait dans la récitation [du Coran] (8). » Je vous raconte une histoire. Un jeune homme était sur le point de se marier avec une jeune femme qui avait la particularité d'avoir mémorisé intégralement le Coran durant ses études religieuses. Lors de l'échange des bagues de mariage, le jeune homme constata avec surprise que la bague que lui tendit la jeune femme était une alliance faite en or. Pourtant, en islam le port de bijoux en or est réservé aux femmes et interdit aux hommes.

Encore une anecdote. Un après-midi, durant le mois de ramadan, j'étais assis dans l'herbe en face d'un parc pour enfants dans lequel mes enfants jouaient. Soudain, un petit groupe d'adolescents composé de quatre garçons et deux filles arriva. Ils prirent d'assaut un des bancs publics entourant l'aire de jeux et discutèrent. Un garçon du groupe, le plus agité et le plus bruyant, ne cessait de cracher par terre, dans l'enceinte de l'aire de jeux et ne cessait de répéter qu'il était en train de jeûner à l'occasion de ce jour durant le mois de ramadan. Voyant la scène de loin, je sentais un profond malaise auprès d'un père de famille dont l'enfant marchait encore à quatre pattes dans l'aire de jeux. Soudain, une petite dispute sur fond de rigolade et de moqueries éclata entre le plus agité de la bande et une jeune fille, à qui il assena un violent coup de pied dans l'estomac. C'en était trop, je décidai de me lever pour m'assurer de l'état de la jeune fille et toucher deux mots à ce perturbateur. Une fois en face du groupe, je lui dis : « Jeune homme, je t'observe depuis quelques minutes et je souhaite te parler en face à face, car tu es en train de nuire par ton comportement aux parents et aux enfants présents dans cette aire de jeux et à cette jeune fille que tu viens de blesser. Une fois face à lui, je lui dis : « Je m'appelle Philippe et je ne te veux aucun mal. Je souhaite juste ton attention deux minutes. Depuis que tu es arrivé, tu ne cesses de dire que tu observes le jeûne donc j'en conclus que ta religion est l'islam. Est-ce que je me trompe? »

Il me regarda et me dit : « Oui, je suis musulman. » Je répondis : « Parfait. Sais-tu que le musulman a pour exemple le Prophète Mohammed et que, par trois fois, tu as eu un comportement contraire à ce qu'il a demandé de faire ? » Confus, il rétorqua : « Comment ça ? » Je lui dis : « Premièrement, tu as frappé cette jeune fille devant tout le monde, alors que le Prophète n'a jamais levé la main sur une femme ou un enfant. Deuxièmement, tu n'arrêtes pas de cracher par terre alors qu'il y a des enfants qui marchent à quatre pattes. Pourtant, le Prophète a ordonné de ne pas cracher sur les chemins sur lesquels les gens marchent. Troisièmement, tu ne cesses de crier sur tous les toits que tu jeûnes malgré la chaleur, alors que le Prophète a recommandé d'être modeste et de ne pas se vanter. » Il me regarda les yeux grands ouverts et dit : « Quoi ?! Mon Prophète a dit tout ça, mais je ne le savais pas. Je promets que je ne me comporterai plus comme ça. Mais comment savez-vous tout cela ? » Je lui dis : « C'est un sujet qu'on évoquera si je te recroise une autre fois. Je te laisse, j'ai fait mon devoir de frère en religion et je t'ai transmis le message. » Je me souviens parfaitement de cet après-midi, car quelques clarifications de la tradition prophétique ont suffi pour que ce jeune homme, dans son attitude et son regard, passe du stade de jeune adolescent idiot à celui de jeune adolescent éclairé.

Cette histoire me fait penser à ce récit : « Dans le désert, l'eau est la vie. Il y a des années de cela, je passai une semaine dans le désert. Une personne accrocha une outre d'eau au milieu du campement. Cette outre gouttait très légèrement. En une semaine, de jeunes plantes vertes commencèrent à pousser juste en dessous de l'outre. La terre autour du campement semblait sans vie mais un tout petit peu d'eau donna vie à ce petit morceau de désert. Les graines étaient partout, il fallait juste de l'eau pour les faire pousser (9). » Je suis entièrement convaincu que la bonne moralité et le savoir-vivre (tous deux inspirés du Prophète de l'islam) peuvent faire office de cause, de déclic et faire éclore la foi en Dieu dans le cœur des gens qui nous entourent.

En effet, nous, musulmanes et musulmans, devons privilégier la méditation de la morale du Prophète Mohammed pour nous rapprocher de Dieu et des hommes. Ainsi, dans le verset : « Vous avez dans le Prophète de Dieu le plus beau modèle à suivre », il est question d'un modèle de vertu et non d'un modèle vestimentaire. Dieu souligne dans ce verset, les attitudes vertueuses comme l'abnégation, l'altruisme, l'ouverture d'esprit, la compassion, la bonté, la tolérance, la patience de Son Prophète et il n'est pas question de se déguiser en prophète. De plus, il ne s'agit nullement d'une attitude temporaire basée sur une imitation superficielle et stérile, celle de répéter mécaniquement ce que le Prophète Mohammed a dit, mais au contraire d'expérimenter réellement au quotidien ce qu'il a fait. Là est la véritable connaissance des préceptes prophétique (10).

C'est pourquoi, ce n'est pas un hasard si, du temps du Prophète Mohammed, de nombreuses personnes touchées à la fois par son comportement et sa sagesse se convertissaient à l'islam comme le stipule ce verset : « Quand tu vois les hommes entrer à flots dans la religion de Dieu, célèbre la gloire de ton Seigneur et implore Son pardon [pour tous les hommes honnêtes et les croyants] ; en vérité Il est Celui qui accepte [leur] repentir [sincère] (11). » Or, aujourd'hui, la croissance de la population musulmane n'est pas due aux conversions, mais à des taux de fécondité élevés (12).

Malheureusement, bien que la communauté musulmane compte près de deux milliards de membres à travers le monde, je ne peux m'empêcher de penser aux propos du Prophète Mohammed faisant allusion à un temps dans lequel les musulmans seront très nombreux, mais ils seront divisés, faibles, occupés aux affaires de ce bas monde et n'auront plus peur de la mort et donc ne s'y prépareront même plus. Les musulmans prient dans la même direction, mais ne regardent pas dans la même direction, comme le souligne Miloud Ismaïli dans cette phrase : « La foi de la religion pour laquelle ils se proclament, et dont ils ne comprennent pas toujours le génie, demande à être ravivée, revigorée (13). » À cet égard, on rapporte que le Prophète Mohammed dit : « Lorsque le dernier jour approchera, les musulmans seront des gens isolés, seuls. Au milieu des grandes masses de gens, les musulmans seront dispersés comme les étoiles dans le ciel : il y en a par ici, il y en a par là. Au milieu de l'obscurité, il y aura de petits points lumineux (14). » Pour devenir un petit point lumineux, nous devons dans toutes les facettes de notre vie, mondaine et spirituelle, passer du stade de ce que les maîtres soufis appellent « la connaissance de la langue » à la « connaissance du cœur » qui consiste à voir et honorer Dieu dans tous nos actes et paroles (15).

Je vous raconte une histoire personnelle. Un jour, je visionnais le documentaire « Sexe et amour au Maghreb » sur la chaîne M6 dont le contenu présentait les inégalités sexuelles entre les hommes et les femmes, au Maroc et en Tunisie. À travers divers témoignages, nous apprenions par exemple que, dans la société de ces pays, la femme devait rester vierge jusqu'au mariage et pouvait même se voir demander de présenter un certificat de virginité à la demande du mari. Comme l'écrit Yacoub Roty : « Il a toujours été dans la norme de l'islam de permettre aux différents peuples de conserver leurs coutumes et traditions dans la mesure où celles-ci ne sont pas en opposition avec les principes et les valeurs islamiques (16). » J'aimerais bien comprendre la raison d'une telle sacralisation de la virginité féminine et aucune sacralisation de la virginité masculine ? Pourtant, dans le verset coranique : « Dis aux croyants de baisser leurs regards et de préserver leur sexe de toute tentation ou rapport illicite. Dis aux croyantes de baisser leurs regards, de préserver leur chasteté », Dieu commence bien par exhorter l'homme puis la femme en leur interdisant les relations sexuelles hors mariage à tous les deux (17). De plus, comment un homme peut-il exiger de sa future femme une chose, en l'occurrence la virginité, que lui-même n'a (peut-être) pas préservée? Qu'en serait-il si une femme exigeait la même chose, à savoir la virginité de son futur mari, comme une condition de son acceptation à la demande en mariage? Je m'interroge également sur le certificat de virginité, sachant qu'il n'y a aucune trace de cela dans tout le corpus islamique, donc d'où cela vient-il? Comme le souligne Éva de Vitray-Meyerovitch : « L'islam tel qu'on le voit de l'extérieur semble n'être pas toujours à la hauteur de ses principes. Pour être juste, il faut mettre d'un côté les principes islamiques et de l'autre les réalités sociologiques qui souffrent malheureusement du poids des coutumes, des superstitions, des traditions qui existent. Il me faut répéter parce que beaucoup ne veulent pas entendre que c'est un problème de sociologie. Vous voyez des faits qui sont religieux en apparence mais qui, en réalité, n'ont rien à voir avec l'essentiel de la religion (18). »

À la suite de la diffusion du documentaire de la chaîne M6, des voix dans la communauté musulmane se levèrent pour dénoncer un énième acharnement islamophobe. Je pense, au contraire, que nous, musulmanes et musulmans, devons apprendre à voir le bon côté des choses. Lorsque nous entendons une personne tenir des propos qui nous déplaisent ou lorsque nous regardons un contenu vidéo à charge contre l'islam, nous devons absolument respecter la pensée et la liberté d'expression de l'auteur et ne pas nous offusquer. Au contraire, louons Dieu, prenons note des potentielles dérives dites ou présentées à l'image, réfléchissons aux mesures correctrices et surtout, remercions son auteur. En effet, quelles belles paroles que celle d'Al-Kindi, surnommé le philosophe des Arabes, lorsqu'il dit : « Nous ne devrions pas avoir honte de reconnaître la vérité, quelle que soit la source qui nous l'apporte, même si elle nous est apportée par les générations précédentes et les peuples étrangers. Pour celui qui cherche la vérité, il n'y a rien de plus précieux que la vérité elle-même (19). » Le maître soufi Djalal ad-Din Rumi quant à lui dit une chose similaire, puisqu'il suggère de ne pas regarder la main (de quelqu'un qui vous la tend) mais de prendre ce qu'elle contient (20).

Même si l'archer n'atteint pas la cible à tous les coups, nous devons nous efforcer d'être exemplaires à tout point de vue, car certaines personnes utilisent et utiliseront toujours nos faux pas pour les attribuer à l'islam, quand bien même ces faux pas seraient condamnés par le Coran et la tradition prophétique, comme l'évoque ce verset : « Tout bien qui t'arrive (qui arrive à l'homme) vient de Dieu; tout mal qui t'arrive [ô, toi homme] vient de toi-même (résultat de tes injustices) (21). »

À la vue de notre comportement, je ne serais pas surpris d'entendre qu'un grand nombre de nos compatriotes pensent que la religion de l'islam :
1. Permet à l'homme de forniquer et l'interdit à la femme,
2. Permet à l'homme de divorcer et l'interdit à la femme,
3. Permet à l'homme de se marier avec qui il souhaite et l'interdit à la femme.

Pourtant, quand on se penche sur le texte coranique et la tradition prophétique tout est clairement écrit. Il se dit par exemple qu'un jour une jeune femme vint trouver le Prophète Mohammed pour l'interroger sur une chose personnelle. Voici la conversation :
— Je voudrais divorcer.
— Ton mari n'est pas gentil avec toi ?
— Si, il est très gentil.
— Il te donne tout ce dont tu as besoin ?
— Oui, il me gâte beaucoup.
— Alors, qu'est-ce qui ne va pas ?
— Je ne l'aime pas. Ce sont mes parents qui m'ont mariée et je n'étais pas du tout d'accord.
— S'il en est ainsi, tu es libre. (22)

Dans certaines familles musulmanes, l'islam est enseigné avec les interdits et parfois viennent s'ajouter des interdits de la culture du pays d'appartenance, car on pense qu'ils sont eux aussi islamiques, alors qu'en réalité ils n'ont rien à voir. Le culturel se mélange au cultuel et c'est ainsi que des pratiques non religieuses deviennent religieuses. Prenons le cas de l'excision, mutilation archaïque, qui est en fait une coutume culturelle de certains pays d'Afrique. Pourtant, cette pratique est associée sans complexe à l'islam puisque la religion de la plupart de ceux qui la pratiquent est l'islam. Or, cet acte barbare et répugnant ne figure absolument pas dans la religion de l'islam, que ce soit dans le Coran ou la tradition prophétique. De nouveau, la culture et la religion sont amalgamées (23).

En parlant du mélange entre la culture et la religion, voici une blague qui me fait toujours sourire. Un jour, un enfant va voir son père qui regarde la télévision dans le salon et lui demande.
— Papa, papa, papa !
— Oui, qu'est-ce qui se passe, mon fils ?
— Est-ce que je peux aller au cinéma cet après-midi avec les copains ?
— Non, mon fils, le cinéma est interdit dans notre religion.
La semaine suivante, l'enfant revient demander à son père qui regarde encore la télévision dans le salon.
— Papa, papa, papa !
— Oui, qu'est-ce qui se passe, mon fils ?
— Est-ce que je peux aller au cinéma cet après-midi avec les copains ?
— Non, mon fils, le cinéma est un loisir sans intérêt. Je te conseille de lire un livre sur l'histoire des prophètes par exemple, pour fortifier ta connaissance religieuse.
La semaine d'après, l'enfant revient à nouveau demander à son père qui regarde encore et toujours la télévision dans le salon.
— Papa, papa, papa !

— Oui, qu'est-ce qui se passe, mon fils ?
— Est-ce que je peux aller au cinéma cet après-midi ? La séance est gratuite ce mercredi !
— Quoi, gratuite ?! Bien sûr, mon fils, et amène ton petit frère avec toi par la même occasion.

L'exemplarité dont je parlais précédemment nécessite de ne minimiser aucune chose, même les toutes petites choses, comme écrit dans le Coran : « Le Jour de la résurrection Nous placerons des justes balances. Nulle âme ne sera lésée en rien ; et même s'il s'agit [d'une action qui aurait] le poids d'un grain de moutarde, Nous l'apporterons [et la pèserons] ; il suffira de Nous comme comptable (24). » Pourquoi ne pas commencer, par exemple, par revoir l'usage du mot *inchAllah* ? Dans le Coran, Dieu demande au Prophète Mohammed, de ne jamais dire au sujet d'une chose : « Certes, je la ferai demain sans ajouter : "Si Dieu le veut" (25). » Lorsqu'une personne prononce le mot inchAllah, traduit généralement par « si Dieu le veut », cela signifie qu'elle s'engage à faire tout son possible pour réaliser la chose en question, mais que la finalité et la réussite ne lui appartiennent pas en raison de cet autre verset : « Il se peut que vous ayez de l'aversion pour une chose, alors qu'elle est un bien pour vous. Et il se peut que vous aimiez une chose, alors qu'elle est un mal pour vous. Dieu sait, mais vous, vous ne savez pas (26). » De nos jours, l'emploi du mot *inchAllah* (même utilisé par des non-musulmans) prend davantage des allures de « pourquoi pas », « à voir, ça reste à confirmer » ou bien « Je file, on s'appelle bientôt. » Pour illustrer mon propos, supposons qu'un ami déménage dimanche prochain et me demande si je peux l'aider à déménager.

LUNDI 19/10
SALAMALEYKOUM, JE DÉMÉNAGE DIMANCHE MATIN INCHALLAH, PEUX-TU ME DONNER UN COUP DE MAIN ?
WA ALEYKOUM SALAM MON FRÈRE, AVEC GRAND PLAISIR INCHALLAH, À DIMANCHE MATIN INCHALLAH
MON CHÉRI, AS-TU DEMANDÉ À UN AMI DE VENIR NOUS AIDER ?
OUI, IL M'A DIT QU'IL VIENDRAIT NOUS AIDER
DIMANCHE 25/10
MAIS TU LUI AVAIS BIEN DIT À 10H ?
OUI, NE T'EN FAIS PAS, IL VIENDRA, IL A DIT « INCHALLAH »
ET DIRE QU'IL AVAIT DIT « INCHALLAH »

Avant de conclure, je souhaite évoquer un point de la vie du Prophète Mohammed qui attire mon attention par rapport au sujet évoqué dans cette partie. Lorsque le Prophète Mohammed quitta la Mecque pour Médine, en raison des nombreuses persécutions et menaces de mort, il rencontra un problème qu'il n'avait jamais connu auparavant dans sa ville natale. À la Mecque, la sincérité de ceux qui embrassaient l'islam ne pouvait pas être mise en doute. En effet, les conversions ne pouvaient avoir qu'une motivation spirituelle, puisqu'en ce qui concerne les choses de ce monde, les convertis n'avaient rien à gagner, bien au contraire, ils avaient même beaucoup à perdre, puisqu'ils étaient victimes de persécutions, de rejets, de stigmatisations, de violences. Désormais, il existait à Médine certaines raisons mondaines d'adopter la religion de l'islam et, par conséquent, les jours où les rangs des musulmans ne devaient compter aucun hypocrite étaient à jamais révolus (27). Que Dieu nous protège de l'hypocrisie qui peut se jouer de nous et ruiner nos œuvres, car nous ne sommes à l'abri de rien.

chapitre 9.

LA FRANCE ET LES MUSULMANS

Plus les années passent et plus j'ai l'impression que le malaise au sujet de l'islam perdure dans notre pays.

D'un côté, nous avons des personnes qui – à juste titre – n'apprécient pas le mauvais comportement de certaines personnes de confession musulmane. Pensant qu'ils agissent de la sorte au nom de l'islam, ils s'opposent becs et ongles à cette religion et ses membres.

De l'autre côté, nous avons des personnes de confession musulmane qui, faute de connaissance religieuse et d'éducation spirituelle, pratiquent un islam fondé sur leur propre conception et parfois même selon leurs désirs et propres intérêts (1). Comme si ce n'était pas suffisant, il arrive que le culturel se mélange au religieux et, depuis peu, l'influence négative du wahhabisme pointe également le bout de son nez.

Je ne souhaite pas dédouaner la minorité des personnes de confession musulmane qui nuisent aux musulmans comme aux non-musulmans. Je suis moi-même agacé par ces comportements qui nuisent à mon pays et aux gens. En revanche, je souhaite dédouaner la religion de l'islam des torts que cette minorité lui fait subir.

Je pense qu'il faut être lucide, car on ne peut pas coller l'étiquette de musulman pratiquant sur le dos de chaque personne qui ne respecterait pas les lois de la République ; sous prétexte qu'elle possède un prénom musulman ou a comme pays d'origine un pays musulman et, dans le même temps, faire un raccourci pour pointer du doigt la religion de l'islam. Je vous assure, ces personnes commettent un tort au nom de leur bêtise et non au nom de l'islam puisque dégrader les biens publics, frauder, insulter, mentir, nuire à ses voisins, uriner dans les cages d'escaliers, vendre de la drogue, violer, voler les biens d'autrui, tuer sont des comportements également prohibés en islam : « Et ne causez pas de mal sur la Terre (2). » De plus, une personne qui possède un prénom musulman ou a comme pays d'origine un pays musulman peut aussi être non pratiquante ou peut même avoir quitté la religion et par conséquent n'avoir rien à voir avec l'islam. À l'inverse, une personne peut s'appeler Philippe, être française de souche et être musulmane. Les éléments extérieurs comme le prénom, le pays d'origine ou même le fait de se rendre à la mosquée ne reflètent absolument pas la foi profonde d'un individu.

La tradition prophétique est très claire à ce sujet, musulmanes et musulmans doivent se comporter avec les gens comme ils aimeraient qu'ils se comportent envers eux. Ces mauvais comportements ont des conséquences dommageables sur les individus et dans la société comme le montre cette histoire.

On raconte qu'une personne possédait un très beau cheval. Il était envié pour cette monture. Un jour, quelqu'un paya un voleur pour le lui dérober. Le propriétaire du cheval sortit de chez lui pour se rendre à la ville la plus proche. Le voleur, s'appuyant sur une canne, fit semblant de boiter et d'avoir mal à la jambe. Il lui fit signe de s'arrêter et lui demanda de le prendre avec lui sur son cheval pour faire une partie du chemin ensemble. Le propriétaire du cheval s'empressa de lui porter assistance, le mit derrière lui en croupe et ils partirent en direction de la ville. Une fois bien installé, le voleur fit soudainement tomber à terre l'homme pour lui arracher sa monture. Il s'arrêta alors une dizaine de mètres plus loin et lui dit : « Tu vois, je t'ai volé ton cheval, ta fierté ! », comme on le disait en ce temps-là, parce que posséder un cheval autrefois était un signe de noblesse. Le propriétaire du cheval lui dit alors : « Écoute, ce cheval, je te le donne. Ne répète donc jamais que tu l'as volé parce que si tu le cries haut et fort, plus personne ne portera secours à un nécessiteux et ne le fera monter derrière lui. Tu mettras fin alors à une source de bien (3). »

Voici une anecdote qui illustre également cette idée. Un jour, un jeune homme converti qu'il m'arrivait de croiser à la mosquée vint me demander de lui prêter une somme à quatre chiffres pour financer son mariage. Heureux d'entendre la nouvelle et ravi de pouvoir l'aider à organiser son mariage, j'acceptai de lui prêter la somme demandée avec des conditions relatives au remboursement. Par la suite, ne voyant plus cette personne à la mosquée et surpris de n'avoir reçu aucune invitation pour le prétendu mariage, je décidai de lui passer un coup de fil pour obtenir des nouvelles. Après avoir remué ciel et Terre pour retrouver le numéro de ce jeune homme, j'eus enfin ce dernier qui m'avoua au téléphone qu'il n'y eut en réalité aucun mariage, que l'argent fut dépensé dans divers achats, que sa petite amie, avec laquelle il ne s'était pas marié en réalité, l'avait quitté récemment et que, croulant sous les dettes, il ne serait pas en mesure de me rembourser. À cause du comportement de cet individu, il est fort probable que si un jour une personne, même honnête, se présente à moi avec une demande similaire, je refuse de lui venir en aide en souvenir de ma mauvaise expérience passée.

Je vous en raconte une autre anecdote qui me reste en mémoire malgré le temps écoulé. Au cours de mes études supérieures, je fis la connaissance d'une jeune femme maghrébine souffrant d'obésité qui était sur le point de se marier. Quelques années plus tard, une fois mes études terminées, j'eus des nouvelles la concernant. À la fin de ses études, elle se maria avec un homme de son pays d'origine. Peu de temps après, les mariages civils et religieux effectués et le titre de séjour délivré à son mari, la jeune femme rentra un soir chez elle et trouva une lettre avec écrit : « Je ne t'ai jamais aimée. Je suis resté avec toi pour les papiers. Oublie-moi ! » Je vous laisse vous mettre la place de cette jeune fille et imaginer la douleur ainsi que la colère pour avoir été trahie de la sorte.

À cause du comportement de cet individu, il est fort probable que si un jour un homme, même sincère, se présente à elle pour fonder une famille, elle refuse de considérer sa demande en souvenir de son horrible expérience passée.

Je n'ai aucune honte à partager avec vous ces histoires de ma vie, car, étant moi-même musulman, je peux attester que ces comportements ne viennent pas d'un excès dans la pratique religieuse, mais qu'au contraire ils viennent d'un manque de connaissance religieuse. En d'autres mots, ces comportements n'arrivent pas à cause de « trop d'islam » mais justement parce qu'il n'y a « aucun islam ».

Nous devons garder à l'esprit que, lorsque nous, musulmanes et musulmans, faisons du tort à une personne non musulmane ou non croyante, il se peut que cette dernière ressente de la colère, voire de la haine vis-à-vis de nous, de notre religion, de Dieu et de notre Prophète, comme l'écrit le théologien et imam Mohammed Bajrafil : « Tu te souviens de Charlie ? Je ne suis pas tellement porté sur la caricature ; je n'aime pas qu'on singe la plus belle créature de Dieu – l'homme. Mais les dessins de Charlie Hebdo me choquaient moins, je te parle franchement, parce qu'ils caricaturaient le Prophète que parce que nous-mêmes, musulmans, étions la cause de cette caricature, parce que ce qui apparaissait à travers eux, c'est à quel point nous sommes à côté de nos pompes, si tu me passes l'expression. L'un d'eux montrait un homme enturbanné avec une bombe dans son turban. Dis-moi, y avait-il des bombes au temps du Prophète ? Alors, qui caricaturait-on ? Nous, ou le Prophète ? Les musulmans qui posent des bombes ou celui qui ne savait même pas ce que c'était ? De sorte que la question est plutôt : qui est le caricaturiste de cette affaire ? Je te l'affirme : en vérité, c'est nous – nous qui avons fait du Prophète, de la miséricorde offerte aux univers, une créature abjecte aux yeux des gens. Mais nous préférons trouver des coupables que nous remettre en cause. Normal, puisque nous ne sommes pas prêts à changer. Notre dégringolade intellectuelle, c'est à cause de ceux-ci, notre chute morale, c'est à cause de ceux-là. Et nous ? Nous n'aimons pas nous pointer du doigt, de peur de nous rendre compte que, comme dit le Coran : "Tout ce qui nous arrive est fruit de notre œuvre" (4). »

Malheureusement, certains musulmans, dans leur comportement, ont vraiment franchi la ligne rouge puisqu'il m'est déjà arrivé d'entendre de la part de certaines personnes non musulmanes que les musulmans devaient être réémigrés dans leur pays d'origine. Cependant, si tel est le cas, où dois-je aller sachant que mes parents sont nés en France, que je suis né en France, que je suis de nationalité française, que j'ai grandi en France et que j'aime la France ? En dépit de ma foi et de mon appartenance à la religion de l'islam, mon pays est la France et j'ai naturellement de l'affection pour ce pays. Comme évoqué dans une autre partie de ce livre, je le dis et le répète, la musulmane ou le musulman accepte son destin et cherche à développer ses qualités spirituelles dans les circonstances où Dieu l'a placé sur Terre (5).

En réalité, que nous vivions dans un pays où la population est à majorité musulmane ou bien dans un pays où la population est à majorité non musulmane, cela ne change absolument rien, car le but est toujours le même, à savoir : plaire à Dieu et servir l'humanité.

Je partage entièrement les mots de Miloud Ismaili quand il écrit que : « Le musulman est, par définition, une vitrine de l'islam, ses faits et gestes doivent être réfléchis, précis et toujours orientés avec droiture. En ce sens, le Prophète Mohammed dit : "N'agissez pas par imitation en vous fixant comme devise : si les gens nous font du bien, nous le leur rendons et s'ils nous font du tort, nous leur en ferons autant, mais plutôt appliquez-vous à bien traiter les gens, s'ils vous traitent ainsi et à éviter de faire du tort, lorsqu'ils vous en causent" (6). »

À mon sens, l'animosité et le rejet à notre égard sont tout simplement la conséquence de notre éloignement des enseignements intérieurs et extérieurs du Prophète Mohammed. Lorsque je regarde la richesse et la profondeur de la littérature islamique et lorsque je regarde l'attitude contemporaine des musulmans, je me dis que la montagne a accouché d'une souris. Cela me rappelle l'histoire suivante, dans laquelle un homme musulman souhaitait épouser une femme non musulmane. Pour lui permettre d'en découvrir davantage sur l'islam, ce dernier lui offrit quelques livres sur la religion. Après un certain temps, la femme revint vers l'homme et lui dit qu'elle souhaitait se convertir à l'islam, persuadée de la véracité de la religion. En revanche, elle l'informa qu'elle ne souhaitait plus se marier avec lui. Lorsque ce dernier demanda la cause, elle lui dit qu'en lisant les livres, elle venait de se rendre compte que l'homme qui souhaitait l'épouser avait un comportement totalement contraire à l'islam.

CACHE LA BONBONNE DE PEINTURE, UN MEC ARRIVE, ON REVIENDRA PLUS TARD DANS LA NUIT
... AS SALAM ALEYKOUM WA RAHMATOULLAH !
ALLEZ DÉMARRE, PLUS VITE, ILS VONT TOUS SORTIR
QUE DIEU ACCEPTE VOS PRIÈRES
ILS APPROCHENT DE LA VOITURE, IL FAUT VITE PARTIR
AS SALAM ALEYKOUM, UN PETIT PROBLÈME MÉCANIQUE ? NOUS ALLONS VOUS AIDER !
ALLEZ LES FRÈRES, LE MEILLEUR DES HOMMES EST CELUI QUI EST UTILE AUX AUTRES
BONNE ROUTE QUE DIEU VOUS PROTÈGE
DIEU MERCI, NOUS AVONS RÉUSSI
C'EST BEAU L'ENTRAIDE

Parmi les nombreux enseignements du Prophète de l'islam, en voici un que j'aime particulièrement : « Celui qui ne remercie pas les gens [celui ou celle qui lui procure un bienfait] n'a pas remercié Dieu (7). » En effet, Dieu emploie les êtres humains pour nous apporter de l'aide ou nous transmettre un message. On rapporte par exemple l'histoire d'un homme qui nage dans la mer et, pris de fatigue, commence à se noyer. Voyant la scène depuis le bord de la plage, un maître-nageur sauveteur vient lui porter secours à la nage. Une fois le maître-nageur près de lui, l'homme proche de la noyade lui dit : « Je ne veux pas de ton aide, je veux l'aide de Dieu. » Voyant le maître-nageur sauveteur revenir, des pompiers prennent un zodiac pour porter secours à l'homme. Une fois l'équipage proche de lui, l'homme leur dit : « Je ne veux pas de votre aide, je veux celle de Dieu. » Voyant le zodiac revenir au port, plusieurs militaires décident de prendre un hélicoptère pour hélitreuiller l'homme proche de la noyade. Une fois l'hélicoptère en survol au-dessus de l'homme, celui-ci leur crie: « Je veux l'aide de Dieu, pas la vôtre. » Puis l'homme se noie et décède. Lors du jour de la résurrection, l'homme se retrouve devant Dieu et lui demande : « Pourquoi, Tu ne m'as pas aidé lorsque j'étais sur le point de me noyer et de mourir ? » Ce à quoi Dieu répondra : « Je t'ai envoyé le maître-nageur sauveteur puis les pompiers avec le zodiac et les militaires avec l'hélicoptère. Pour finir, c'est Toi qui as refusé Mon aide. »

Aussi, je pense que nous, musulmanes et musulmans, devons être davantage reconnaissants à l'égard de la France et devons faire preuve de respect envers ses concitoyens. Certes, la France n'est pas un pays parfait, mais c'est un pays qui aide et soutient ses citoyens peu importe leur couleur, leur orientation sexuelle, leur religion, leur opinion politique, dans différents domaines dont voici quelques exemples.

LA LAÏCITÉ

J'aime à rappeler que la France permet aux individus de croire ou de ne pas croire, comme l'écrit Nicolas Cadène : « Par la loi du 9 décembre 1905, les "pères fondateurs de la laïcité française" font prévaloir une conception de la laïcité dite "libérale", c'est-à-dire ni anticléricale ni contre les religions. Ils défendent une loi de liberté (8). » Aussi, la laïcité ne consiste pas à interdire ou détester une religion, bien au contraire, elle permet aux croyantes et croyants de croire et de construire des lieux de culte pour pratiquer librement leur foi. Le principe de laïcité autorise également le port de signes religieux ou de tenues manifestant une appartenance religieuse dans l'espace public.

Cette liberté de croire ou de ne pas croire est également présente en islam comme le montrent ces différents versets du Coran : « Pas de contrainte en religion », « À vous votre religion et à moi la mienne », « Il ne t'est pas donné de guider qui tu [Mohammed] aimes, mais Dieu guide qui Il veut. » (9)

Dans certains pays musulmans, en dépit de ces versets du Coran, des personnes sont forcées à croire et sont forcées à adopter une façon de vivre relative à cette « croyance imposée » alors que, comme l'écrit Roger-Pol Droit : « Contraindre une personne à croire est impossible et absurde. On peut forcer quelqu'un à faire semblant mais pas le forcer à penser. La conscience de chacun est fondamentalement libre. Et la conviction religieuse dépend avant tout de cette liberté intérieure, et non d'une décision extérieure à l'individu. Opérer des conversions forcées, ce n'est pas seulement un crime contre la liberté de conscience des individus, c'est un crime contre la foi elle-même, une offense profonde à la religion (10). »

Il ne faut pas perdre de vue qu'en islam, la relation entre Dieu et l'être humain doit être fondée sur la sincérité, comme l'évoque le verset suivant : « Croyants, craignez Dieu et soyez avec les véridiques (11). » Dieu n'accepte aucune œuvre quand elle est faite sous la contrainte. Quant au Prophète Mohammed, il ne força absolument personne à embrasser l'islam. Au contraire, il invita les gens à rentrer en islam de leur plein gré. D'ailleurs, le contexte de la Révélation du verset cité plus haut : « Pas de contrainte en religion » nous apprend que des personnes adultes s'étaient converties à l'islam lors de l'arrivée du Prophète Mohammed à Médine. Les enfants de ces personnes se trouvaient alors à Damas pour leurs études et avaient adopté naturellement la religion chrétienne. Or, les parents leur demandèrent de se convertir à l'islam. Devant le refus des enfants, ils allèrent consulter le Prophète qui ne sut répondre à leur requête dans l'immédiat. Bien que chaque parent ait le devoir d'éveiller son enfant à la foi en Dieu, ce verset fut révélé dans ce contexte pour faire comprendre aux parents qu'ils ne pouvaient pas contraindre leurs enfants d'adopter la religion de l'islam (12).

L'ÉDUCATION NATIONALE

En France, l'organisation de l'enseignement public obligatoire, gratuit et laïque à tous les degrés est un devoir de l'État (13). Le système éducatif divisé en plusieurs niveaux (primaire, secondaire, professionnel, apprentissage et supérieur) permet aux élèves et étudiants d'accéder au savoir et acquérir des connaissances pour favoriser leur insertion professionnelle, gagner leur vie dignement et être utiles à la société. L'État prend également en charge la gestion des milliers d'établissements et enseignants pour assurer l'éducation des enfants de la nation.

L'islam donne une très grande importance à la connaissance, comme le souligne le théologien et imam, Mohammed Bajrafil : Le premier verset qui ait été révélé est : « Lis et récite », ce qui signifie en gros : « Travaille et fais fonctionner ta tête (14). » À cet égard, on raconte que l'imam Nasruddin était en train de jeter de l'argent dans un étang. « Que fais-tu ? » demanda un passant. « J'étais à dos d'âne.

L'animal a glissé sur la rive escarpée de l'étang ; il était sur le point de perdre l'équilibre et de tomber dedans quand des grenouilles se sont mises à coasser ; l'âne s'est cabré de frayeur et a pu remonter sur la rive, et éviter une chute qui nous aurait été fatale ! Les grenouilles nous ont bien sauvé la vie. N'est-il pas juste qu'elles soient rétribuées pour cela (15) ? » La connaissance est une lumière, car, en effet, que peuvent bien faire des grenouilles avec de l'argent ?

Le savoir est une lumière. Sur ce sujet, l'islam ne peut être plus clair puisque le Prophète Mohammed dit : « Apprendre la science est une obligation pour chaque musulman [et musulmane] (16). » Le savoir peut se diviser en deux parties. Les connaissances religieuses représentent les connaissances que tout musulman doit apprendre pour adorer et servir Dieu. Les connaissances professionnelles représentent les connaissances que tout musulman doit apprendre pour subvenir à ses besoins, car l'or et l'argent ne tombent pas du ciel, les êtres humains doivent donc chercher leur subsistance par l'intermédiaire du travail (17). À ce propos, on rapporte qu'un jour le Prophète rencontra son compagnon Sa'd ibn Mu'adh et lui serra la main. Y trouvant quelque rudesse, le Messager de Dieu lui en demanda la raison, ce à quoi son compagnon répondit : « Ô Messager de Dieu, mon métier exige que je manipule la pelle et la pioche, pour faire vivre ma famille et de là cette rudesse dans mes mains. » Le Prophète lui donna immédiatement un baiser sur les mains et dit : « Ce sont des mains qui sont aimées de Dieu (18) ! »

Aujourd'hui, certains musulmans déprécient la valeur du travail, comptant dans plusieurs cas sur les aides de l'État ou sur leurs allocations de chômage, traînant la jambe ou refusant d'aller au-devant de l'effort pour vivre dignement, vivre mieux et ne pas dépendre d'autrui, même si l'on considère que ce que l'on perçoit comme aide est un droit. Cela montre une flagrante ignorance quant aux valeurs de l'islam. En effet, comment un musulman s'affiliant au Prophète Mohammed accepte-t-il de recevoir, sans donner, sans faire d'effort ? Le Prophète Mohammed ne dit-il pas : « La main haute (celle qui travaille et donne) est meilleure que la main basse (tendue pour recueillir le don d'autrui) » (19) ?

On dit qu'un jour un homme se rendit auprès du Prophète pour mendier. Au lieu de lui donner une pièce, le Prophète Mohammed lui demanda d'apporter tout ce qu'il possédait au monde. Le mendiant n'avait qu'une couverture (dont il se couvrait pour se coucher sur le sol) et un bol pour boire de l'eau. Le Prophète les vendit aux enchères et en obtint deux dirhams, puis il remit un dirham au mendiant pour sa nourriture et il acheta une hache avec l'autre. Donnant la hache au mendiant, il lui conseilla de couper le bois dans la forêt, de le vendre dans la ville et de ne pas revenir le voir avant deux semaines. La quinzaine passée, le mendiant rendit visite au Prophète et raconta qu'il avait entre-temps gagné dix dirhams, avec lesquels il avait acheté des vêtements et des denrées alimentaires (20).

LE SYSTÈME DE SANTÉ

Des Bédouins se rendirent auprès du Prophète Mohammed et lui demandèrent: « Est-ce qu'il est licite en islam de se faire soigner par des médicaments? » Il répondit : « Oui, car Dieu n'a créé aucune maladie sans également créer le remède, sauf la vieillesse (21). » En ce sens, les docteurs Canesi et Rahmani écrivent : « Un médecin instruit et judicieux n'est pas plus tenu à guérir nos maladies qu'à prolonger notre existence par-delà ses limites. Son rôle consiste à étudier le mal et, s'il en connaît le remède, à traiter pour le faire disparaître. La santé tout entière est entre les mains de Dieu (22). »

Une tradition prophétique relate que c'est lorsque l'être humain tombe malade qu'il se rend réellement compte de la valeur d'être en bonne santé.
Effectivement, comme l'affirment à nouveau les docteurs Canesi et Rahmani: « Le bien-être ou la santé est le premier des bienfaits que Dieu dispense à l'homme puisque, en dehors de la santé, l'homme ne peut jouir de sa liberté d'action ni accomplir ses devoirs envers Dieu, nul bien n'est égal à la santé (23). » Le système de santé en France permet à celles et ceux qui possèdent de faibles ressources ou qui sont en situation de précarité d'avoir accès aux soins grâce à différents dispositifs (Protection universelle maladie, Complémentaire santé solidaire, Aide médicale de l'État, etc.) afin que toutes et tous retrouvent le chemin de la guérison.

La reconnaissance était un trait de caractère du Prophète Mohammed. Il déclara par exemple : « Celui qui vous procure un bienfait, récompensez-le, si vous ne le pouvez pas, invoquez Dieu en sa faveur afin de vous considérer comme l'ayant rétribué (24). » Il nous incombe donc de faire preuve de patience et d'un bon comportement durant notre hospitalisation et d'adresser au personnel soignant s'étant occupé de nous un cadeau – à défaut des remerciements – et une invocation en leur faveur lorsque nous quittons l'hôpital. Finalement, pourquoi ne pas adopter ce comportement prophétique envers toutes les personnes musulmanes et non musulmanes qui nous aideraient dans notre vie?

Enfin, au sujet de la prise en charge des patientes et patients en milieu hospitalier, j'aime à rappeler les propos de Nicolas Cadène : « L'hôpital est un lieu d'accueil pour tous, où la notion de service public prend sans doute le plus de sens. C'est aussi un lieu fermé, qui prend en charge des personnes en souffrance, physique ou psychologique. Pour assurer sa mission et garantir un soin de qualité à chacun, il doit parfois s'intéresser à ce qui relève de l'intime des personnes hospitalisées. Les patients ont le droit de pratiquer leur culte, mais toujours dans la limite du bon fonctionnement du service et des impératifs d'ordre public, de sécurité, de santé et d'hygiène (25). »

Croire en Dieu et être musulman ne donne aucun passe-droit pour contourner les règles mises en place. Bien au contraire, croire en Dieu et être musulman implique de faire encore plus attention aux règles et de bien les respecter.

L'AIDE SOCIALE

La solidarité est une valeur forte de la France qui propose de très nombreuses aides sociales (aide personnelle au logement locatif, allocation adulte handicapé, allocations familiales sous condition de ressources, bourses sur critères sociaux, chèque vacances, prime naissance, revenu solidarité active, etc.) à ses concitoyens. À cela s'ajoutent de nombreuses associations caritatives (Secours populaire français, Croix-Rouge française, Les Restos du cœur, Fondation Abbé Pierre, etc.) qui viennent également en aide aux plus démunis.
Je pense que nous avons tous bénéficié d'une ou plusieurs aides sociales dans notre vie. Pour ma part, elles m'ont même permis de conserver une certaine dignité humaine et de ne pas me retrouver à la rue. Par conséquent, au regard de la tradition prophétique évoquée précédemment, quelle est notre manière de montrer notre reconnaissance à l'égard de la France et de ses concitoyens ? Tout d'abord, les musulmans doivent comprendre que s'ils faisaient le nécessaire, l'action sociale musulmane constituée de l'aumône obligatoire (en arabe, *zakat*) et de l'aumône volontaire (en arabe, *sadaqa*) réduirait la pauvreté irrévocablement.

Comme évoqué au début de ce livre, il me sera difficile de satisfaire tout le monde. En dépit de ce que la France fait vis-à-vis de ces citoyens, pour certains l'herbe sera toujours plus verte ailleurs et ils ne verront que le verre à moitié vide. Néanmoins, je pense qu'il faut se contenter, cesser de critiquer à tout bout de champ et remercier ceux qui nous procurent des bienfaits comme l'expose l'histoire suivante. On dit qu'en rêve l'imam Nasruddin vit des pièces d'argent arriver une à une dans la paume de sa main. À la neuvième, le donateur invisible s'arrêta. « Il m'en faut dix ! » cria Nasruddin dans son sommeil. Il cria si fort qu'il se réveilla. Il regarda sa main et constata que les pièces avaient disparu. Il referma les yeux et murmura : « Entendu. Rends-les-moi, je prends les neuf ! » (26)

Nous pouvons tous apporter notre pierre à l'édifice et montrer notre reconnaissance de diverses manières envers notre pays. Le Prophète Mohammed dit à ce sujet : « Le croyant fort est meilleur et plus aimé de Dieu que le croyant faible bien que l'un et l'autre soient bons (27). » Le « croyant fort » est une personne qui, grâce à sa foi en Dieu, agit avec excellence avec les autres et contribue de façon positive dans la société dans laquelle elle évolue. Le « croyant faible » est une personne qui, dans son cheminement spirituel, rencontre des hauts et des bas, apprend de ses erreurs et a besoin de l'aide d'autrui « plus fort» pour avancer dans la vie.

Avant de clore cette partie, il est probable que certains rejettent mes propos en disant : « À quoi bon bien agir, car la France est un pays non musulman ? » Ce à quoi je répondrai : « Pourquoi continuez-vous à vivre dans ce pays ? Soyez cohérent avec vous-mêmes et parcourez le monde à la recherche de l'endroit qui vous conviendra le mieux ». De plus, la France ainsi que tous les autres pays dans le monde appartiennent à la planète Terre et la planète Terre représente la création de Dieu. Par conséquent, en prenant soin de la France, petit morceau de cette Terre, je prends soin de la création de Dieu. Dans la même logique, un être humain, musulman ou non musulman, est une créature de Dieu. Par conséquent, en prenant soin de lui, je prends soin de la création de Dieu. Je termine avec les mots du théologien Ahmad Al-Juhayni : « Il n'y a aucune raison valable de s'enorgueillir de son origine ou de ses ancêtres tant qu'en définitive nous avons tous la même origine, Adam (28). »

CON-
CLUSION

La fin de ce livre est venue.

J'espère que mon cheminement spirituel vous aura éclairé sur ce qu'est l'islam.

J'aime à rappeler que, lorsqu'on parlait en bien du second calife de l'islam, Omar ibn Al-Khattab, il disait :

> « Ô Dieu ! Je cherche refuge auprès de Toi contre le mal de ce qu'ils disent et je Te demande de me pardonner pour des choses qu'ils ne savent pas [que seul Toi connais, car Tu es l'Omniscient, Le Bien-Informé] (1). »

Tout bien vient de Dieu.

Il me tient à cœur de dire une dernière fois que nous, musulmanes et musulmans, sommes la vitrine de notre religion. En effet, c'est à nous de la représenter de la plus belle des façons si l'on souhaite que les personnes non musulmanes changent le regard qu'ils ont d'elle.

Certes, la France n'est pas parfaite, mais pourquoi ne pas tenter de l'embellir, de la rendre meilleure et surtout de rendre nos compatriotes heureux d'avoir des musulmans en son sein ?

On rapporte qu'un jour, un homme demanda à un maître soufi comment atteindre Dieu et le maître répliqua :

> « Les chemins pour atteindre Dieu sont aussi nombreux qu'il y a d'êtres humains. »

Le maître ajouta :

> « Mais le chemin le plus court et le plus facile consiste à servir les êtres humains, ne pas les déranger et les rendre heureux (2). »

Enfin, ce livre, doit permettre à chacun de faire preuve de lucidité quant aux principes et de l'islam et de cette façon, de ne pas se focaliser sur les (quelques) trains qui arrivent en retard mais bel et bien sur la majorité des trains qui arrivent à l'heure afin de vivre ensemble et en paix.

NOTES FINALES

Je tiens à remercier du fond du cœur toutes les personnes ayant contribué à l'écriture et à la publication de ce livre. Que Dieu accepte votre effort et votre contribution comme une aumône continue (en arabe, *sadaqa jariya*).

Enfin, pour toutes celles et tous ceux qui souhaiteraient m'adresser un message, me faire part d'une remarque ou me poser une question, je vous invite à m'écrire à l'adresse électronique suivante : *bonjour.pjolly@gmail.com*. Je me ferai un plaisir de vous répondre.

BIBLIO-GRAPHIE

Avant-Propos

(1) *Fables féeriques d'Orient et d'ailleurs*, Khaldoun Hamadé, 2019, page 40

(2) *Comment profiter de la Sunna*, Miloud Ismaili, Éditions Les Jumeaux, 2014, page 58

(3) *Initiation à l'Islam*, Muhammed Hamidullah, Auto-Éditions, 1993, page 22

Introduction

(1) *L'islam et l'autre*, Ahmad Al-Juhayni, Al Bouraq, 2007, page 7

(2) *Le réveil des cœurs*, Abd al-Qâdîr Al-Jîlânî, Iqra, 2004

(3) *L'islam et l'autre*, Ahmad Al-Juhayni, Al Bouraq, 2007, page 12

(4) *Purification of the Heart*, Hamza Yusuf, Starlatch Press, 2004, page 70

(5) Tradition prophétique rapportée dans le recueil authentique des traditions prophétiques de Mouslim

(6) Enseignements Soufis, Abd al-Qâdîr Al-Jîlânî, Al Bouraq, 1996, page 6

(7) *Le Secret de l'Amour Divin*, Osman Nûri Topbas, Erkam, 2010, page 128

(8) *Le Coran*, Albert Kasimirski et Mohammed Arkoun, Garnier-Flammarion, 1970, sourate 93, verset 7

(9) Tradition prophétique rapportée dans le recueil authentique des traditions prophétiques d'At-Tabarani

(10) Tradition prophétique rapportée dans le recueil authentique des traditions prophétiques de Mouslim

1. Qu'est-ce que l'islam ?

(1) *L'islam sera spirituel ou ne sera plus*, Éric Geoffroy, Seuil, 2016, page 47

(2) *Le Coran*, traduction annotée par G.H. Abolqasemi Fakhri, sourate 42, verset 7, page 499

(3) *L'islam sera spirituel ou ne sera plus*, Éric Geoffroy, Seuil, 2016, page 21

(4) *Le Coran*, traduction annotée par G.H. Abolqasemi Fakhri, sourate 5, verset 3, page 102

(5) *L'islam et le christianisme*, Ulfa Aziz Us-Samad, International Islamic Federation of Student Organizations, 2001, page 29

(6) *Le Saint Coran*, Maulana Muhammad Ali, traduit par Gilles Valois, Ahmadiyyah Anjuman Isha'at Islam (Lahore) Inc., U.S.A, 1990, page 240

(7) *Réveillons-nous !*, Mohamed Bajrafil, Plein Jour, 2018, page 143

(8) *www.elwatan.com/archives/portrait-archives/cat-stevens-le-retour-en-chantant -30-11-2006*

(9) *Le Coran*, traduction annotée par G.H. Abolqasemi Fakhri, sourate 12, verset 105, page 240

(10) *Le Coran*, traduction annotée par G.H. Abolqasemi Fakhri, sourate 16, versets 17-18, page 264

(11) *Le Coran*, traduction annotée par G.H. Abolqasemi Fakhri, sourate 2, verset 153, page 29

(12) *Le Coran*, traduction annotée par G.H. Abolqasemi Fakhri, sourate 23, versets 78-79, page 350

(13) *Le Coran*, traduction annotée par G.H. Abolqasemi Fakhri, sourate 30, verset 8, page 412

(14) *Le Coran*, traduction annotée par G.H. Abolqasemi Fakhri, sourate 35, verset 28, page 447

(15) *Le Coran*, Albert Kasimirski et Mohammed Arkoun, Garnier-Flammarion, 1970, sourate 36, versets 36-37-38, page 341

(16) « La maîtrise du corps d'après les manuels de soufisme (xe-xive siècles) », Ève Feuillebois-Pierunek, *Revue des mondes musulmans et de la Méditerranée*, 113-114 | 2006, pages 91-107

(17) *Le Coran*, traduction annotée par G.H. Abolqasemi Fakhri, sourate 50, verset 16, page 541

(18) *Découverte de l'Islam*, Roger Du Pasquier, Seuil, 2002, page 14

(19) *Le Coran*, traduction annotée par G.H. Abolqasemi Fakhri, sourate 91, versets 7-8-9-10, page 662

(20) « La maîtrise du corps d'après les manuels de soufisme (xe-xive siècles) », Ève Feuillebois-Pierunek, *Revue des mondes musulmans et de la Méditerranée*, 113-114 | 2006, pages 91-107

(21) *Le Coran*, Albert Kasimirski et Mohammed Arkoun, Garnier-Flammarion, 1970, sourate 21, verset 36, page 254

(22) *Contes Derviches*, Idries Shah, Le Courrier du Livre, 2011, page 225

(23) *Le Coran*, traduction annotée par G.H. Abolqasemi Fakhri, sourate 62, verset 8, page 589

(24) *Le Coran*, traduction annotée par Jean-Louis Michon, sourate 35, verset 37, page 404

(25) Tradition prophétique rapportée dans le recueil authentique des traditions prophétiques de Mouslim

(26) Tradition prophétique rapportée dans le recueil authentique des traditions prophétiques de Boukhari

(27) Tradition prophétique rapportée dans le recueil authentique des traditions prophétiques de Mouslim

(28) *The High Price of Materialism*, Tim Kasser, Bradford Book, 2003

(29) *Vivre l'Islam*, Cheikh Khaled Bentounès, Albin Michel, 2006, page 1
(30) *Découverte de l'Islam*, Roger Du Pasquier, Seuil, 2002, page 14
(31) *Le Saint Coran*, Maulana Muhammad Ali, traduit par Gilles Valois, Ahmadiyyah Anjuman Isha'at Islam (Lahore) Inc., U.S.A, 1990, sourate 51, verset 56, page 992
(32) *Thérapie de l'âme*, Cheikh Khaled Bentounès, Albin Michel, 2011, page 240
(33) *Le Soufisme, cœur de l'Islam*, Khaled Bentounès, Pocket, 1999, page 140
(34) Tradition prophétique rapportée dans le recueil authentique des traditions prophétiques de Suyuti
(35) *Vivre l'Islam*, Cheikh Khaled Bentounès, Albin Michel, 2006, pages 44-56
(36) *Sufi Talks*, Robert Frager, Quest Books, 2012, page 25
(37) *Le Royaume Divin*, Al Haqqani, éditions Simurgh, 2014, page 34
(38) *Le Chœur des Prophètes*, Cheikh Adda Bentounès, Albin Michel, 1999, page 122
(39) *L'islam sera spirituel ou ne sera plus*, Éric Geoffroy, Seuil, 2016, page 63
(40) *Les convenances de la compagnie spirituelle et des relations sociales*, Abû 'Abd ar-Rahmân As-Sulamî, Al Bouraq, 2015, pages 20 à 26
(41) *Réflexion sur la création de l'homme*, Tahar Gaïd, Universel, 2004, page 123
(42) *The productive muslim*, Mohammed Faris, Claritas Book, 2016, page 184
(43) *Le Prophète de l'Islam*, Muhammad Hamidullah, Edition El-Najah, 1998, page 893
(44) *La prière en Islam*, Eva De Vitray-Meyerovitch, Albin Michel, 1998, page 9
(45) *Le Coran*, traduction annotée par G.H. Abolqasemi Fakhri, sourate 21, verset 107, page 334
(46) Extrait tiré du dernier sermon du Prophète Muhammad
(47) *Islam et Occident*, Khaled Bentounès, Jouvence, 2018, page 121
(48) *Heart, Self & Soul*, Robert Frager, Quest Books, 1999, page 214
(49) *Le Chœur des Prophètes*, Cheikh Adda Bentounès, Albin Michel, 1999, page 176

2. Le Coran

(1) *Le Coran*, traduction annotée par G.H. Abolqasemi Fakhri, sourate 16, verset 44, page 267
(2) *Le Coran*, traduction annotée par G.H. Abolqasemi Fakhri, sourate 96, versets 1-2-3-4-5, page 668
(3) *Le Coran*, traduction annotée par G.H. Abolqasemi Fakhri, sourate 10, verset 39, page 294
(4) « Apprendre à apprendre », Idries Shah, Le Courrier du Livre, 2009, page 265
(5) *La sagesse des maîtres soufis*, ibn 'Atâ' Allah, Grasset, 1998, page 190
(6) Tradition prophétique rapportée dans le recueil authentique des traditions prophétiques de Boukhari
(7) *Le Prophète de l'Islam*, Muhammad Hamidullah, Edition El-Najah, 1998, page 638
(8) *Les méthodes de l'enseignement du Prophète Muhammed*, Dr Ibrahim Canan, thèse de doctorat de 3e cycle, Paris-Sorbonne, 1972, page 238 - ibn Hisham : 257
(9) *Le Coran*, traduction annotée par G.H. Abolqasemi Fakhri, sourate 53, versets 2-3-4-5, page 552
(10) *Le Saint Coran*, Maulana Muhammad Ali, traduit par Gilles Valois, Ahmadiyyah Anjuman Isha'at Islam (Lahore) Inc., U.S.A, 1990, sourate 3, verset 6, page 130
(11) *Comprendre l'islam ou plutôt pourquoi on n'y comprend rien*, Adrien Candiard, Flammarion, 2016, page 99
(12) *Le Coran*, traduction annotée de Jean-Louis Michon, sourate 93, versets 1-2-3, page 591
(13) *Le Saint Coran*, Maulana Muhammad Ali, traduit par Gilles Valois, Ahmadiyyah Anjuman Isha'at Islam (Lahore) Inc., U.S.A, 1990, page 1184
(14) *Le Coran*, Traduit par Jean Grosjean, Éditions Philippe Lebaud, 1979, page 8
(15) *Islam, La Voie Naturelle*, AbdulWahid Hamid, Tawhid, 2003, page 52
(16) *Comment se concentrer dans la prière*, Miloud Ismaïli, Éditions Les Jumeaux, 2006, page 154
(17) *Lettres sur le Prophète et autres lettres sur la Voie spirituelle*, Al Darqâwî, Éditions Tasnîm, 2010, page 94
(18) Tradition prophétique rapportée dans le recueil authentique des traditions prophétiques de Tabarani et Al-Shihab al-Quda'i
(19) *Sufi Talks*, Robert Frager, Quest Books, 2012, page 196
(20) *Le Saint Coran*, Maulana Muhammad Ali, traduit par Gilles Valois, Ahmadiyyah Anjuman Isha'at Islam (Lahore) Inc., U.S.A, 1990, Sourate 54, verset 17, page 1009

(21) *À la porte de l'amour*, Irfan Öztürk, Üzaki éditions, 2014

(22) *Le Coran*, traduction annotée par Jean-Louis Michon, sourate 39, verset 23, page 429

(23) *Sufi Talks*, Robert Frager, Quest Books, 2012, page 155

(24) *Le Saint Coran*, Maulana Muhammad Ali, traduit par Gilles Valois, Ahmadiyyah Anjuman Isha'at Islam (Lahore) Inc., U.S.A, 1990, sourate 35, verset 24, page 836

(25) *Le Saint Coran*, Maulana Muhammad Ali, traduit par Gilles Valois, Ahmadiyyah Anjuman Isha'at Islam (Lahore) Inc., U.S.A, 1990, sourate 41, verset 43, page 913

(26) *The Quran*, Farid Esack, OneWorld, 2009, page 186

(27) Tradition prophétique rapportée dans le recueil authentique des traditions prophétiques de Mouslim

3. Le Prophète Mohammed

(1) *Le Coran*, traduction annotée par G.H. Abolqasemi Fakhri, sourate 33, verset 21, page 429

(2) *Paroles en Or*, Ibn 'Arabi, Éditions Iqra, 2006, page 65

(3) *Ahmed, Un Adolescent Découvre la Vie du Prophète*, Yacoub Roty, Maison Ennour, 2007, page 17

(4) *Le Prophète d'amour*, Osman Nûri Topbas, Erkam, 2007, page 58

(5) *De la prière sur le Prophète*, Amadou Makhtar Samb, Al Bustane, 1997, page 20

(6) *Les secrets des cinq piliers de l'islam*, Sharani, Éditions i, 2019, Traduction de 'Abd al-Wadoud Yahya Gouraud, page 47

(7) *www.universalis.fr/encyclopedie/mosquee/3-la-maison-du-prophete-et-les-premieres-mosquees/*

(8) Tradition prophétique rapportée dans le recueil authentique des traditions prophétiques de Boukhari

(9) Tradition prophétique rapportée dans le recueil authentique des traditions prophétiques d'At-Tirmidhi

(10) *De la Purification Extérieure et Intérieure dans l'Islam*, Amadou Makhtar Samb, 2002, Al Bustane, page 121

(11) Tradition prophétique rapportée dans le recueil authentique des traditions prophétiques de Mouslim

(12) *Muhammad le joyau de la perfection*, Muhammad Al-Mansour, Al Bustane, 2005, page 31

(13) Tradition prophétique rapportée dans le recueil authentique des traditions prophétiques de Boukhari

(14) Tradition prophétique rapportée dans le recueil authentique des traditions prophétiques d'At-Tabarani

(15) *Le Prophète de l'Islam*, Muhammad Hamidullah, Éditions El-Najah, 1998, page 970

(16) *De la médiation dans l'islam*, Amadou Makhtar Samb, Al Bustane, 2005, page 310

(17) *Fatima est Fatima*, Ali Shariati, Al Bouraq, 2009, page 157

(18) *Muhammad le joyau de la perfection*, Muhammad Al-Mansour, Al Bustane, 2005, page 56

(19) *Océans de Miséricorde*, Sheikh Nazim, Al Bouraq, 1998, page 149

(20) *The heart of Islam*, Seyyed Hossein Nasr, Harpercollins, 2004, page 37

(21) *Le Coran*, traduction annotée par G.H. Abolqasemi Fakhri, sourate 64, verset 8, page 593

(22) *Fatima est Fatima*, Ali Shariati, Al Bouraq, 2009, page 147

(23) *www.larousse.fr/dictionnaires/francais/pros%C3%A9lytisme/64456*

(24) *Initiation à l'Islam*, Muhammed Hamidullah, Fédération Internationale Islamique Organisations Étudiantes, 1993, page 30

(25) *Les méthodes de l'enseignement du Prophète Muhammed*, Dr Ibrahim Canan, thèse de doctorat de 3e cycle, Paris-Sorbonne, 1972, page 18

(26) *Le Coran*, traduction annotée par Jean-Louis Michon, sourate 109, verset 6, page 607 et sourate 28, verset 56, page 361

(27) *Inside the Soul of Islam*, Mamoon Yusaf, Hay House Inc., 2018, page 58

(28) *The House of Islam*, Ed Husain, Bloomsbury, 2019, page 105

(29) *La sunna mode d'emploi*, Moncef Zenati, Maison d'Ennour, 2010, page 198

(30) *L'invocation de grâce sur le Prophète : ses vertus et ses bienfaits*, Ismaïl Nabahani, Éditions Iqra, 1996

(31) *Les qualités des croyants*, Ahmad Fathu'llah Jâmî, Al Bouraq, 2011, page 178

4. Les cinq piliers de l'islam

(1) Tradition prophétique rapportée dans le recueil authentique des traditions prophétiques de Mouslim

(2) « Apprendre à apprendre », Idries Shah, *Le Courrier du Livre*, 2009, page 141

(3) *Revivification de la spiritualité musulmane*, Abû-Hâmid Al-Ghazâlî, 2000, Éditions Iqra

(4) *Guide pour comprendre l'islam à l'attention des jeunes*, Asli Kaplan, éditions du Nil, 2012, page 105

(5) *Les méthodes de l'enseignement du Prophète Muhammed*, Dr Ibrahim Canan, thèse de doctorat de 3e cycle, Mai 1972, page 20

(6) *Juste pour toi*, Abd Al Hakim Chergui, Tawhid, 2010, page 26

(7) *Le Coran*, traduction annotée par Jean-Louis Michon, sourate 41, verset 51, page 447

(8) *Étincelles de Sagesses*, Fariduddin Attar, Al Bouraq, 2004

(9) *Le Coran*, traduction annotée par G.H. Abolqasemi Fakhri, sourate 20, verset 14, page 314

(10) *Heart, Self & Soul*, Robert Frager, Quest Books, 1999, page 151

(11) *Paroles d'un soufi*, Abû'l Hassan Kharaqânî, Seuil, 1998, page 148

(12) *Paroles d'un soufi*, Abû'l Hassan Kharaqânî, Seuil, 1998, page 148

(13) *Le Royaume Divin*, Al Haqqani, éditions Simurgh, 2014, page 86

(14) *Paroles en Or*, Ibn 'Arabi, Éditions Iqra, 2006, page 51

(15) *Enseignements Soufis*, Abd Al-Qâdîr Al-Jîlânî, Al Bouraq, 1996, page 18

(16) *Le Coran*, traduction annotée par G.H. Abolqasemi Fakhri, sourate 17, verset 110, page 297 et sourate 68, verset 4, page 605

(17) *Le Coran*, traduction annotée par G.H. Abolqasemi Fakhri, sourate 33, verset 21, page 429

(18) *Le Soufisme*, Éric Geoffroy, Points, 2003, page 84

(19) *Le Soufisme*, Éric Geoffroy, Points, 2003, page 77

(20) *Initiation à l'Islam*, Muhammed Hamidullah, Auto-Éditions, 1993, page 30

(21) *Le Coran*, traduction annotée par G.H. Abolqasemi Fakhri, sourate 68, verset 4, page 145

(22) *Misquoting Muhammad*, Jonathan A. C. Brown, Oneworld publications, 2014, page 98

(23) *Junayd*, Roger Deladrière, Babel, 1983, page 60

(24) *Enseignements Soufis*, Abd al-Qâdîr Al-Jîlânî, Al Bouraq, 1996, page 386

(25) *Le Coran*, traduction annotée par G.H. Abolqasemi Fakhri, sourate 16, verset 32, page 266

(26) *Sufi Talks*, Robert Frager, Quest Books, 2012, page 189

(27) *Manuel de fiqh - Exposition détaillée des cinq piliers de l'islam selon l'école hanafite*, Mohammed Jamîl Cherifi, Éditions Iqra, 2006, page 45

(28) *Les secrets des cinq piliers de l'islam*, Sharani, Éditions i, 2019, Traduction de 'Abd al-Wadoud Yahya Gouraud, page 84

(29) *Le Coran*, traduction annotée par Jean-Louis Michon, sourate 4, verset 103, page 89

(30) *L'islam religion de la vie*, Abdul Wadud Shalabi, Al Bouraq, 2004, page 66

(31) *Le Coran*, Albert Kasimirski et Mohammed Arkoun, 1970, Garnier-Flammarion, sourate 41, verset 51, page 372

(32) *Le Coran*, traduction annotée par Jean-Louis Michon, sourate 2, verset 45, page 15

(33) *Le Coran*, traduction annotée par G.H. Abolqasemi Fakhri, sourate 29, verset 45, page 408

(34) Tradition prophétique rapportée dans le recueil authentique des traditions prophétiques de Mouslim

(35) *Les secrets des cinq piliers de l'islam*, Sharani, Éditions i, 2019, Traduction de 'Abd al-Wadoud Yahya Gouraud, page 88

(36) *Les secrets des cinq piliers de l'islam*, Sharani, Éditions i, 2019, Traduction de 'Abd al-Wadoud Yahya Gouraud, page 89

(37) *Vivre l'Islam*, Khaled Bentounès, Albin Michel, 2006, page 83

(38) *Comment se concentrer dans la prière*, Miloud Ismaïli, Les Jumeaux, 2006, page 11

(39) *Principes tirés de la vie des quatre califes bien guidés*, Osman Nuri Topbas, Erkam, 2011, page 34

(40) Tradition prophétique rapportée dans le recueil authentique des traditions prophétiques d'Al-Boukhari et de Mouslim

(41) *Le Coran*, traduction annotée par G.H. Abolqasemi Fakhri, sourate 107, versets 4-5-6, page 681

(42) Tradition prophétique rapportée dans le recueil authentique des traditions prophétiques de Tabarani

(43) *The productive muslim*, Mohammed Faris, Claritas Book, 2016, page 72

(44) Tradition prophétique rapportée dans le recueil authentique des traditions prophétiques d'ibn Maja

(45) « Effects of supply and demand on ratings of object value », Worchel, S., Lee, J., & Adewole, A. *Journal of Personality and Social Psychology*, 1975, 32(5), 906–914. https://doi.org/10.1037/0022-3514.32.5.906

(46) *À la porte de l'amour*, Irfan Öztürk, Üzaki éditions, 2014, page 264

(47) *Comment se concentrer dans la prière*, Miloud Ismaïli, Éditions Les Jumeaux, 2006, page 41

(48) *Paroles Sublimes*, Volume 2, Al Bouti, Sagesse d'Orient, 2011, page 356

(49) *Le Coran*, Albert Kasimirski et Mohammed Arkoun, Garnier-Flammarion, 1970, sourate 2, versets 179-180, page 57

(50) *Islam, foi et adoration*, Osman Nûri Topbas, Erkam, 2008, page 302

(51) *La notion d'Adab en Islam*, Mémoire de Denis Gril, Université Paris III, Novembre 1972, page 56

(52) *Paroles de l'Imam 'Alî*, AbderRahmane Rebahi, Tawhid, 2002

(53) *Textes sur le jeûne*, Ibn Arabî, Al Bouraq, 2004, page 12

(54) *Le Coran*, Albert Kasimirski et Mohammed Arkoun, Garnier-Flammarion, 1970, sourate 39, versets 1-2-3, page 356 et *Le Coran*, traduction annotée par G.H. Abolqasemi Fakhri, sourate 18, verset 110, page 302

(55) *Heart, Self & Soul*, Robert Frager, Quest Books, 1999, page 3

(56) *Heart, Self & Soul*, Robert Frager, Quest Books, 1999, page 213

(57) *www.bbc.com/afrique/monde-48218570*

(58) Tradition prophétique rapportée dans le recueil authentique des traditions prophétiques d'an-Nassai

(59) *Les secrets des cinq piliers de l'islam*, Sharani, Éditions i, 2019, Traduction de 'Abd al-Wadoud Yahya Gouraud, page 121

(60) *Islam, foi et adoration*, Osman Nûri Topbas, Erkam, 2008, page 308

(61) *The productive muslim*, Mohammed Faris, Claritas Book, 2016, page 218

(62) Tradition prophétique rapportée dans le recueil authentique des traditions prophétiques d'At-Tirmidhi

(63) *Islam, foi et adoration*, Osman Nûri Topbas, Erkam, 2008, page 314

(64) Tradition prophétique rapportée dans le recueil authentique des traditions prophétiques de Boukhari

(65) *De la propreté en Islam*, Remzi Kuşçular, éditions du Nil, 2009, page 83

(66) Tradition prophétique rapportée dans le recueil authentique des traditions prophétiques de Boukhari et de Mouslim

(67) *Le Soufisme, cœur de l'Islam*, Khaled Bentounès, Pocket, 1999, page 117

(68) Tradition prophétique rapportée dans le recueil authentique des traditions prophétiques de Mouslim et d'At-Tirmidhi

(69) *Le Coran*, traduction annotée par G.H. Abolqasemi Fakhri, sourate 28, verset 54, page 399

(70) *Le Saint Coran*, Maulana Muhammad Ali, traduit par Gilles Valois, Ahmadiyyah Anjuman Isha'at Islam (Lahore) Inc., U.S.A, 1990, Sourate 3, verset 91, page 156

(71) *Islam, foi et adoration*, Osman Nûri Topbas, Erkam, 2008, page 214

(72) *Le Coran*, traduction annotée par G.H. Abolqasemi Fakhri, sourate 29, verset 58, page 410

(73) *Les actions surérogatoires*, Abderrazak Mahri, Maison d'Ennour, 2006

(74) *Le Coran*, Albert Kasimirski et Mohammed Arkoun, Garnier-Flammarion, 1970, sourate 35, verset 36, page 339

(75) *Le Coran*, Albert Kasimirski et Mohammed Arkoun, Garnier-Flammarion, 1970, sourate 2, verset 273, page 68

(76) *La notion d'Adab en Islam*, Mémoire de Denis Gril, Université Paris III, Novembre 1972, page 33

(77) *Intégrité de l'islam*, Imam al-Haddad, Al Bouraq, 2011, pages 105-106

(78) Tradition prophétique rapportée dans le recueil authentique des traditions prophétiques de Bayhaqi

(79) *Les secrets des cinq piliers de l'islam*, Sharani, Éditions i, 2019, Traduction de 'Abd al-Wadoud Yahya Gouraud, page 105

(80) *Crainte et Espoir*, Abû-Hâmid Al-Ghazâlî, Maison d'Ennour, 2004

(81) *Juste pour toi*, Abd Al Hakim Chergui, Tawhid, 2010, page 142

(82) *Le Coran*, traduction annotée par Jean-Louis Michon, sourate 2, verset 267, page 45

(83) *Le Coran*, traduction annotée par Jean-Louis Michon, sourate 3, verset 97, page 62

(84) *Intégrité de l'islam*, Imam al-Haddad, Al Bouraq, 2011, page 126

(85) *Le Coran*, Albert Kasimirski et Mohammed Arkoun, Garnier-Flammarion, 1970, sourate 2, verset 193, page 59

(86) Tradition prophétique rapportée dans le recueil authentique des traditions prophétiques de Souyouti

(87) *Intégrité de l'islam*, Imam al-Haddad, Al Bouraq, 2011, page 126

(88) Tradition prophétique rapportée dans le recueil authentique des traditions prophétiques d'Al-Hakim et Ahmad
(89) *Le Prophète de l'islam et les femmes de sa vie*, Asma Lamrabet, Al Bouraq, 2020, page 50
(90) Tradition prophétique rapportée dans le recueil authentique des traditions prophétiques d'ibn Maja
(91) *L'islam religion de la vie*, Abdul Wadud Shalabi, Al Bouraq, 2004, page 89
(92) *Les secrets des cinq piliers de l'islam*, Sharani, Éditions i, 2019, Traduction de 'Abd al-Wadoud Yahya Gouraud, page 138
(93) *Islam, foi et adoration*, Osman Nûri Topbas, Erkam, 2008, page 25
(94) Tradition prophétique rapportée dans le recueil authentique des traditions prophétiques de Mouslim
(95) Tradition prophétique rapportée dans le recueil authentique des traditions prophétiques de Boukhari
(96) *Le Prophète d'amour,* Osman Nûri Topbas, Erkam, 2007, page 133
(97) Tradition prophétique rapportée dans le recueil authentique des traditions prophétiques d'At-Tabarani
(98) Tradition prophétique rapportée dans le recueil authentique des traditions prophétiques d'At-Tirmidhi
(99) Tradition prophétique rapportée dans le recueil authentique des traditions prophétiques de Boukhari
(100) *Les actions surérogatoires*, Abderrazak Mahri, Maison d'Ennour, 2006
(101) *La prière en Islam*, Tahar Gaïd, éditions Iqra, 2006, page 131
(102) *De la patience dans l'Islam*, Amadou Makhtar Samb, Al Bustane, 2002, page 31
(103) Tradition prophétique rapportée dans le recueil authentique des traditions prophétiques de Mouslim
(104) *De la Purification Extérieure et Intérieure dans l'Islam*, Amadou Makhtar Samb, Al Bustane, 2002, page 127
(105) *Spiritual teachings of the Prophet*, Tayeb Chourief, Fons Vitae, 2011, page 79
(106) *Purification of the Heart*, Hamza Yusuf, Starlatch Press, 2004, page 52
(107) *Le Coran*, traduction annotée par Jean-Louis Michon, sourate 2, verset 269, page 46

5. Les six piliers de la foi

(1) *Le Coran*, traduction annotée par G.H. Abolqasemi Fakhri, sourate 49, versets 14-15, page 539
(2) *L'attestation de foi*, Mohamed Bajrafil, Al Bouraq, 2018, page 80
(3) *L'homme intérieur à la lumière du Coran*, Khaled Bentounès, Albin Michel, 1998, page 24
(4) *Les piliers de la foi Musulmane*, Abou Hamid Al-Ghazali, Al Bouraq, 2012
(5) *Le Coran*, traduction annotée par G.H. Abolqasemi Fakhri, sourate 67, versets 13-14-15, page 602
(6) *Crainte et Espoir*, Abû-Hâmid Al-Ghazâlî, Maison d'Ennour, 2004
(7) *Guide pour comprendre l'islam à l'attention des jeunes*, Asli Kaplan, Éditions du Nil, 2012, page 13
(8) *Les piliers de la foi Musulmane*, Abou Hamid Al-Ghazali, Al Bouraq, 2012
(9) *Le Saint Coran*, Maulana Muhammad Ali, traduit par Gilles Valois, Ahmadiyyah Anjuman Isha'at Islam (Lahore) Inc., U.S.A, 1990, sourate 78, versets 6 à 15, page 1135
(10) *Le Coran*, traduction annotée par G.H. Abolqasemi Fakhri, sourate 2, verset 164, page 68
(11) *Le Coran*, traduction annotée par G.H. Abolqasemi Fakhri, sourate 56, versets 61 à 70, page 568
(12) *Comment augmenter sa foi*, Miloud Ismaïli, Éditions Les Jumeaux, 2005, page 117
(13) *The productive muslim*, Mohammed Faris, Claritas Book, 2016, page 97
(14) *Réflexion sur la création de l'homme*, Tahar Gaïd, Universel, 2004, page 47
(15) *Islam, foi et adoration*, Osman Nûri Topbas, Erkam, 2008, page 43
(16) *Les hadiths divins*, Abderrazak Mahri, Ennour, 2005, page 182
(17) *Le Coran*, traduction annotée par G.H. Abolqasemi Fakhri, sourate 7, verset 143, page 160
(18) *Islam, foi et adoration*, Osman Nûri Topbas, Erkam, 2008, page 43
(19) *Les piliers de la foi Musulmane*, Abou Hamid Al-Ghazali, Al Bouraq, 2012
(20) *L'homme intérieur à la lumière du Coran*, Khaled Bentounès, Albin Michel, 1998, page 53
(21) *Les illuminations de La Mecque*, Ibn Arabi, Albin Michel, 2008, page 322
(22) *L'homme intérieur à la lumière du Coran*, Khaled Bentounès, Albin Michel, 1998, page 36
(23) *Le Coran*, traduction annotée par G.H. Abolqasemi Fakhri, sourate 112, versets 1 à 3, page 686 et *Le Saint Coran*, Maulana Muhammad Ali, traduit par Gilles Valois, Ahmadiyyah Anjuman Isha'at Islam (Lahore) Inc., U.S.A, 1990, sourate 112, verset 4, page 1219
(24) *De la confiance en Dieu*, Amadou Makhtar Samb, Al Bustane, 1997, page 37

(25) *Le Saint Coran*, Maulana Muhammad Ali, traduit par Gilles Valois, Ahmadiyyah Anjuman Isha'at Islam (Lahore) Inc., U.S.A, 1990, page 1219

(26) *Le Saint Coran*, Maulana Muhammad Ali, traduit par Gilles Valois, Ahmadiyyah Anjuman Isha'at Islam (Lahore) Inc., U.S.A, 1990, page 77

(27) *L'homme intérieur à la lumière du Coran*, Khaled Bentounès, Albin Michel, 1998, page 51

(28) *Le Saint Coran*, Maulana Muhammad Ali, traduit par Gilles Valois, Ahmadiyyah Anjuman Isha'at Islam (Lahore) Inc., U.S.A, 1990, sourate 5, verset 109, page 273

(29) *Guide pour comprendre l'islam à l'attention des jeunes,* Asli Kaplan, Éditions du Nil, 2012, page 24

(30) *Guide pour comprendre l'islam à l'attention des jeunes*, Asli Kaplan, Éditions du Nil, 2012, page 24

(31) *Réflexion sur la création de l'homme*, Tahar Gaïd, Universel, 2004, page 89

(32) *Guide pour comprendre l'islam à l'attention des jeunes*, Asli Kaplan, Éditions du Nil, 2012, page 24

(33) *Le Coran*, traduction annotée par Jean-Louis Michon, sourate 6, verset 6, page 539

(34) *Le Coran*, traduction annotée par G.H. Abolqasemi Fakhri, sourate 81, versets 19 à 21, page 642

(35) *Le Coran*, traduction annotée par Jean-Louis Michon, sourate 32, verset 11, page 383

(36) *Le Coran*, traduction annotée par G.H. Abolqasemi Fakhri, sourate 13, verset 11, page 243

(37) *Le Coran*, traduction annotée par G.H. Abolqasemi Fakhri, sourate 81, versets 17-18, page 540

(38) *Le Coran*, traduction annotée par G.H. Abolqasemi Fakhri, sourate 17, versets 13-14, page 279

(39) *Le Coran*, traduction annotée par G.H. Abolqasemi Fakhri, sourate 45, verset 29, page 521

(40) Tradition prophétique rapportée dans le recueil authentique des traditions prophétiques de Boukhari

(41) *Vigilance du cœur et examen de conscience*, Abû-Hâmid Al-Ghazâlî, Al Bouraq, 2012, page 24

(42) *Paroles d'un soufi*, Abû'l Hassan Kharaqânî, Seuil, 1998, page 200

(43) *Le Coran*, traduction annotée par G.H. Abolqasemi Fakhri, sourate 24, verset 25, page 357

(44) *Le Coran*, traduction annotée par Jean-Louis Michon, sourate 2, verset 186, page 33

(45) *Les méthodes de l'enseignement du Prophète Muhammed*, Dr Ibrahim Canan, thèse de doctorat de 3e cycle, Paris-Sorbonne, 1972, page 8

(46) *Le Coran*, traduction annotée par Jean-Louis Michon, sourate 51, verset 56, page 493

(47) *Les méthodes de l'enseignement du Prophète Muhammed*, Dr Ibrahim Canan, thèse de doctorat de 3e cycle, Paris-Sorbonne, 1972, page 7

(48) *Les piliers de la foi Musulmane*, Abou Hamid Al-Ghazali, Al Bouraq, 2012

(49) *Le Coran*, traduction annotée par G.H. Abolqasemi Fakhri, sourate 29, verset 46, page 408

(50) *Le Coran*, traduction annotée par G.H. Abolqasemi Fakhri, sourate 22, verset 40, page 340. Voir également *Le Saint Coran*, Maulana Muhammad Ali, traduit par Gilles Valois, Ahmadiyyah Anjuman Isha'at Islam (Lahore) Inc., U.S.A, 1990, page 1009, annotation en bas de page 656

(51) *Le Coran*, traduction annotée par G.H. Abolqasemi Fakhri, sourate 4, verset 165, page 100

(52) *Infallibility of the Prophets*, Muhammad 'Ali al-Sabuni, Beacon Books, 2018, page 17

(53) *Le Saint Coran*, Maulana Muhammad Ali, traduit par Gilles Valois, Ahmadiyyah Anjuman Isha'at Islam (Lahore) Inc., U.S.A, 1990, sourate 6, verset 90, page 296

(54) *Les piliers de la foi Musulmane*, Abou Hamid Al-Ghazali, Al Bouraq, 2012

(55) *Le Coran*, traduction annotée par G.H. Abolqasemi Fakhri, sourate 23, verset 115, page 353

(56) *Le Coran*, traduction annotée par G.H. Abolqasemi Fakhri, sourate 36, verset 54, page 454

(57) *Le Prophète d'amour*, Osman Nûri Topbas, Erkam, 2007, page 185

(58) *Le Coran*, traduction annotée par G.H. Abolqasemi Fakhri, sourate 89, versets 17 à 30, page 659

(59) *Mahmûd Sâmî Ramazanoğlu, Le sultan des gnostiques*, Musa Topbas, Erkam, 2009, page 77

(60) *Le Coran*, traduction annotée par G.H. Abolqasemi Fakhri, sourate 18, verset 29, page 294 et *Le Coran,* traduction annotée par Jean-Louis Michon, sourate, 73, verset 19, page 558, puis sourate 3, verset 152, page 69

(61) *Les maladies de l'âme et leurs remèdes*, Al Sulami, Arche Milano, 1990, page 50

(62) *Il était une fois, un homme, une femme…* Myriam Lakhdar, éditions Hedilina, 2007, page 63

(63) *Le Coran*, traduction annotée par G.H. Abolqasemi Fakhri, sourate 2, verset 216, page 38 et sourate 2, verset 153, page 29

(64) *www.mondealavecunivers.com/petite-histoire-de-sagesse-le-conseiller-du-roi.html*

(65) *Les maladies de l'âme et leurs remèdes*, Al Sulami, Arche Milano, 1990, page 50

(66) Tradition prophétique rapportée dans le recueil authentique des traditions prophétiques d'At-Tirmidhi

(67) *Retour à l'E-Sens-Ciel*, Myriam Lakhdar Bounamcha, Hedilina, 2009, page 77
(68) Tradition prophétique rapportée dans le recueil authentique des traditions prophétiques de Mouslim
(69) Tradition prophétique rapportée dans le recueil authentique des traditions prophétiques de Mouslim
(70) *Le Coran*, traduction annotée par G.H. Abolqasemi Fakhri, sourate 36, verset 12, page 451
(71) *Spiritual Gems of Islam, Imam Jamal Rahman*, Skylight Paths, 2013, page 24
(72) *Le Coran*, traduction annotée par G.H. Abolqasemi Fakhri, sourate 14, verset 42, page 254
(73) *Le Coran*, traduction annotée par G.H. Abolqasemi Fakhri, sourate 3, verset 89, page 62
(74) *Le Coran*, traduction annotée par G.H. Abolqasemi Fakhri, sourate 16, verset 90, page 273
(75) *Un musulman nommé Jésus*, Tarif Khalidi, Albin Michel, 2003, page 116
(76) Tradition prophétique rapportée dans le recueil authentique des traditions prophétiques d'At-Tirmidhi

6. Le soufisme

(1) *The House of Islam*, Ed Husain, Bloomsbury, 2019, page 78
(2) *The House of Islam*, Ed Husain, Bloomsbury, 2019, page 78
(3) *Vigilance du cœur et examen de conscience*, Abû-Hâmid Al-Ghazâlî, Al Bouraq, 2012, page 62
(4) *Spiritual teachings of the Prophet*, Tayeb Chourief, Fons Vitae, 2011, page 264
(5) *Le Soufisme*, Éric Geoffroy, Points, 2003, page 16
(6) *The House of Islam*, Ed Husain, Bloomsbury, 2019, page 78
(7) *Moi, musulman, je n'ai pas à me justifier*, Seydi Diamil Niane, Eyrolles, 2017, page 82
(8) *Sagesse céleste*, Cheikh al-'Alawi, La Caravane, 2007, page 113
(9) *La purification des cœurs*, Abdel Qadr Al Jilanî, éditions Iqra, 2007, page 7
(10) *Le Coran*, traduction annotée par Jean-Louis Michon, Sourate 23, versets 1-2, page 273
(11) *Le Soufisme*, Éric Geoffroy, Points, 2003, page 22
(12) *Traces de lumière*, Faouzy Skali, Albin Michel, 1996, page 67
(13) *Heart, Self & Soul*, Robert Frager, Quest Books, 1999, page 1
(14) *Sagesse céleste*, Cheikh al 'Alawi, La Caravane, 2007, page 189
(15) Tradition prophétique rapportée dans le recueil authentique des traditions prophétiques de Mouslim
(16) *Aperçu sur la vie spirituelle*, Jacques Roty, page 50
(17) *Comment augmenter sa foi*, Miloud Ismaïli, Éditions Les Jumeaux, 2005, page 77
(18) *Au nom de tous les hommes*, Martin Gray, Éditions du Rocher, 2004
(19) *The House of Islam*, Ed Husain, Bloomsbury, 2019, page 85
(20) *Le livre du dedans*, Rumî, Actes Sud, 1976, page 172
(21) Tradition prophétique rapportée dans le recueil authentique des traditions prophétiques de Boukhari
(22) *La sagesse extravagante de Nasr Eddin*, Jean-Louis Maunoury, Albin Michel, 2011, page 177
(23) Tradition prophétique rapportée dans le recueil authentique des traditions prophétiques d'Al-Hakim
(24) *Islam, La Voie Naturelle*, Abdul-Wahid Hamid, Tawhid, 2003, page 101
(25) *Apprendre à apprendre*, Idries Shah, Le Courrier du Livre, 2009, page 42
(26) *Heart, Self & Soul*, Robert Frager, Quest Books, 1999, page 2
(27) *Le Soufisme*, Éric Geoffroy, Points, 2003, page 218
(28) *Heart, Self & Soul*, Robert Frager, Quest Books, 1999, page 196
(29) *Contes Derviches*, Idries Shah, Le Courrier du Livre, 2011, page 223
(30) *Contes Derviches*, Idries Shah, Le Courrier du Livre, 2011, page 167
(31) Tradition prophétique rapportée dans le recueil authentique des traditions prophétiques de Boukhari
(32) *Heart, Self & Soul*, Robert Frager, Quest Books, 1999, page 199
(33) *Le Soufisme*, Éric Geoffroy, Points, 2003, page 16
(34) *Kharaqânî, Paroles d'un soufi*, Seuil, 1998, page 91
(35) *Le Coran*, traduction annotée par G.H. Abolqasemi Fakhri, sourate 30, verset 48
(36) *Le Soufisme*, Éric Geoffroy, Points, 2003, page 52

(37) *Le Soufisme*, Éric Geoffroy, Points, 2003, page 13

(38) *Sufi Rules of Conduct*, Abu Abd Al Rahman al-Sulami, The Islamic Texts Society, 2010, page 50

7. Salafisme et wahhabisme

(1) *Une histoire du wahhabisme*, Hamadi Redissi, Points, 2016, pages 150-175

(2) *Islam et Occident*, Khaled Bentounes, Jouvence, 2018, page 24

(3) *Une histoire du wahhabisme*, Hamadi Redissi, Points, 2016, page 59

(4) *Une histoire du wahhabisme*, Hamadi Redissi, Points, 2016, pages 60-62-84

(5) *Une histoire du wahhabisme*, Hamadi Redissi, Points, 2016, pages 58-59

(6) *Le Coran*, traduction annotée par Jean-Louis Michon, sourate 2, verset 256, page 44

(7) *Le Coran*, traduction annotée par Jean-Louis Michon, sourate 109, verset 6, page 607

(8) *Islam et Occident*, Khaled Bentounes, Jouvence, 2018, page 25

(9) *Une histoire du wahhabisme*, Hamadi Redissi, Points, 2016, page 92

(10) *Mahomet ou Muhammad*, Nas Boutammina, Books on Demand, 2010, page 82

(11) *Islam et Occident*, Khaled Bentounes, Jouvence, 2018, pages 257-258

(12) *Un islam pour notre temps*, Abdennour Bidar, Paris, Seuil, 2004

(13) Tradition prophétique rapportée dans le recueil authentique des traditions prophétiques de Mouslim

(14) *Ignorances mutuelles*, conférence prononcée à Lanzarote, dans les Canaries, le 26 mai 2009.
Texte publié dans *L'islam expliqué aux enfants (et à leurs parents)*, Tahar Ben Jelloun, Seuil, 2012, page 154

(15) *Arabie Saoudite, La société dévoilée*, Anouar Thabet, Al Bouraq, 2010, page 45

(16) *Vivre l'Islam*, Cheikh Khaled Bentounès, Albin Michel, 2006, page 187

(17) *Soufisme Wahhabisme*, Seydi Diamil Niane, Al Bouraq, 2019, page 28

(18) *Soufisme Wahhabisme*, Seydi Diamil Niane, Al Bouraq, 2019, page 27

(19) *L'islam sera spirituel ou ne sera plus*, Eric Geoffroy, Seuil, 2016, Introduction

(20) *De Toi à Lui : La Voie d'ascension du musulman*, Louis Mazué, Les 7 lectures, 2020, page 76

(21) *Une histoire du wahhabisme*, Hamadi Redissi, Points, 2016, page 65

(22) Tradition prophétique rapportée dans le recueil authentique des traditions prophétiques de Boukhari

(23) *Islam et Occident*, Khaled Bentounes, Jouvence, 2018, pageS 219-222

(24) *Le Coran*, Albert Kasimirski et Mohammed Arkoun, Garnier-Flammarion, 1970, sourate 53, verset 31, page 411

(25) *Arabie Saoudite, La société dévoilée*, Anouar Thabet, Al Bouraq, 2010, page 39

(26) *Comprendre l'islam ou plutôt pourquoi on n'y comprend rien*, Adrien Candiard, Flammarion, 2016, page 66

(27) « Les assassins de la modernité », *Le 1 Hebdo*, novembre 2015.
Article publié dans *Le Racisme expliqué à ma fille*, Tahar Ben Jelloun, Seuil, 2018, pages 206-207-208

(28) *Mahomet ou Muhammad*, Nas Boutammina, Books on Demand, 2010, page 96

(29) *Paroles Sublimes*, Volume 2, Al Bouti, Sagesse d'Orient, 2011, page 463

(30) *Réformer l'islam*, Abdou Filali Ansary, La découverte, 2003, page 136

(31) *Islam et Occident*, Khaled Bentounes, Jouvence, 2018, page 39

(32) *Le Saint Coran*, Maulana Muhammad Ali, traduit par Gilles Valois, Ahmadiyyah Anjuman Isha'at Islam (Lahore) Inc., U.S.A, 1990, sourate 49, verset 13, page 979

(33) Tradition prophétique rapportée dans le recueil authentique des traditions prophétiques de Mouslim

8. Islam par conviction et par héritage

(1) *Réveillons-nous !*, Mohamed Bajrafil, Plein Jour, 2018, page 143

(2) *Que signifie mon appartenance à l'Islam ?*, Fathi Yakan, Tawhid, 2007

(3) *Le Soufisme, cœur de l'Islam*, Khaled Bentounès, Pocket, 1999, page 50

(4) *Le réveil des cœurs*, Abd al-Qâdîr Al-Jîlânî, Iqra, 2004

(5) *Réveillons-nous !*, Mohamed Bajrafil, Plein Jour, 2018, page 23

(6) *The House of Islam*, Ed Husain, Bloomsbury, 2019, page 193

(7) *Le Coran*, traduction annotée par G.H. Abolqasemi Fakhri, sourate 38, verset 29, page 468

(8) *Intégrité de l'islam*, Imam al-Haddad, Al Bouraq, 2011, page 134
(9) *Sufi Talks*, Robert Frager, Quest Books, 2012, page 91
(10) *Mahomet ou Muhammad*, Nas Boutammina, Books on Demand, 2010, page 15
(11) *Le Coran*, traduction annotée par G.H. Abolqasemi Fakhri, sourate 110, versets 2-3, page 684
(12) *The House of Islam*, Ed Husain, Bloomsbury, 2019, page 32
(13) *Conseils et Avertissements pour la jeunesse Musulmane*, Miloud Ismaïli, Sana, 2002, page 7
(14) *Océans de Miséricorde*, Sheikh Nazim, Al Bouraq, 1998, page 225
(15) *Spiritual Gems of Islam*, Imam Jamal Rahman, Skylight Paths, 2013, page 152
(16) *L'attestation de foi*, Yacoub Roty, Maison d'Ennour, 2003, page 49
(17) *Le Coran*, traduction annotée par Jean-Louis Michon, sourate 24, versets 30-31, page 323
(18) *Islam, l'autre visage*, Eva de Vitray-Meyerovitch, Albin Michel, 1995, pages 122-123-124-125
(19) *The House of Islam*, Ed Husain, Bloomsbury, 2019, page 193
(20) Idries Shah, *Apprendre à apprendre*, Le Courrier du Livre, 2009, page 99
(21) *Le Coran*, traduction annotée par G.H. Abolqasemi Fakhri, sourate 4, verset 79, page 89
(22) *Islam, l'autre visage*, Eva de Vitray-Meyerovitch, Albin Michel, 1995, page 132
(23) *Mon fils s'est converti à l'islam, même pas peur…*, Clara Sabinne, Édition Pixl, 2016, pages 138-142
(24) *Le Coran*, traduction annotée par G.H. Abolqasemi Fakhri, sourate 21, verset 47, page 328
(25) *Le Coran*, traduction annotée par G.H. Abolqasemi Fakhri, sourate 18, versets 23-24, page 294
(26) *Le Coran*, traduction annotée par Jean-Louis Michon, sourate 2, verset 216, page 37
(27) *Le Prophète Muhammad*, Martin Lings, Seuil, 2002, page 211

9. La France et les musulmans

(1) *L'islam et l'autre*, Ahmad Al-Juhayni, Al Bouraq, 2007, page 12
(2) *Le Saint Coran*, Maulana Muhammad Ali, traduit par Gilles Valois, Ahmadiyyah Anjuman Isha'at Islam (Lahore) Inc., U.S.A, 1990, sourate 7, verset 56, page 330
(3) *Thérapie de l'âme*, Cheikh Khaled Bentounès, Albin Michel, 2011, page 111
(4) *Réveillons-nous !*, Mohamed Bajrafil, Plein Jour, 2018, page 27
(5) *Le Soufisme*, Éric Geoffroy, Points, 2003, page 13
(6) *Comment profiter de la Sunna*, Miloud Ismaili, Les Jumeaux, 2014, page 173
(7) Tradition prophétique rapportée dans le recueil authentique des traditions prophétiques de Abou Daoud
(8) *La laïcité pour les nuls*, Nicolas Cadène, éditions First, 2016, page 66. (Les pères fondateurs de la laïcité sont : Aristide Briand, Jean Jaurès, Ferdinand Buisson, Francis de Pressensé puis Georges Clémenceau.)
(9) *Le Coran*, traduction annotée par Jean-Louis Michon, sourate 2 verset 256 page 44, sourate 109 verset 6 page 607, sourate 28 verset 56 page 361
(10) *La tolérance expliquée à tous*, Roger-Pol Droit, éditions du Seuil, 2016, page 46
(11) *Le Coran*, traduction annotée par G.H. Abolqasemi Fakhri, sourate 9, verset 119, page 197
(12) *Islam et Occident*, Khaled Bentounès, Jouvence, 2018, page 115
(13) *www.education.gouv.fr/les-grands-principes-du-systeme-educatif-9842*
(14) *Islam de France*, Mohamed Bajrafil, Plein Jour, 2015, page 24
(15) *Les soufis*, Idries Shah, Le Courrier du Livre, 2014
(16) Tradition prophétique rapportée dans le recueil authentique des traditions prophétiques d'ibn Maja
(17) *Islam, La Voie Naturelle*, AbdulWahid Hamid, Tawhid, 2003, page 48
(18) *Le Prophète de l'Islam*, Muhammad Hamidullah, Edition El-Najah, 1998, page 893
(19) *Les règles du bon comportement*, Abderrazak Mahri, Ennour, 2005, page 150
(20) *Le Prophète de l'Islam*, Muhammad Hamidullah, Edition El-Najah, 1998, page 892
(21) *Le Prophète de l'Islam*, Muhammad Hamidullah, Edition El-Najah, 1998, page 722
(22) *Bien portant avec la médecine du prophète*, Michel Canesi et Jamil Rahmani, JC Lattès, 2019, page 95
(23) *Bien portant avec la médecine du prophète*, Michel Canesi et Jamil Rahmani, JC Lattès, 2019, page 33
(24) Tradition prophétique rapportée dans le recueil authentique des traditions prophétiques d'Abou Daoud

(25) *La laïcité pour les nuls*, Nicolas Cadène, éditions First, 2016, page 154

(26) *Les exploits de Mulla Nasruddin*, Idries Shah, Le Courrier du Livre, 2004, page 94

(27) Tradition prophétique rapportée dans le recueil authentique des traditions prophétiques de Mouslim

(28) *L'islam et l'autre*, Ahmad Al-Juhayni, Al Bouraq, 2007, page 30

Conclusion

(1) *Paroles sages et exhortations des dix compagnons promis au paradis*, Muhammad Ach-Châmi, Sabil, 2006, page 51

(2) *Itinéraires du Paradis*, Cheikh Ahmadou Bamba, Al Bouraq, 2020, page 70

Philippe JOLLY est l'auteur de l'édition papier et numérique du livre « (re)Découvrir l'islam ».
Édition papier du livre « (re)Découvrir l'islam » - ISBN : 978-2-9577018-1-0

Dépôt légal 2ème trimestre 2021.